Salvatore Del Vecchio

La finanza irriverente

Diventa miGlionario in 2 mesi e 7 minuti

Il tuo percorso ironico per la ricchezza

Sommario

Introduzione

Alla tua prossima ricchezza

"Se pensi che la felicità sia costosa, prova a fare due calcoli sul costo dell'infelicità!"

Cari aspiranti miGlionari,

Benvenuti al circo del denaro! Nel mondo squattrinato digitale di oggi, le persone sono costantemente bombardate da informazioni sul denaro, la finanza e l'investimento. Ma sai cosa? Molti rimangono più persi di un vegetariano in un macello. Con tutte le risorse a disposizione, sembra che molti si siano persi nelle nebbie della confusione finanziaria. Ma no, non disperare! Qui, ci occupiamo di far luce su tutto questo casino.

Perché, amici miei, il denaro è come il tuo partner: se non lo gestisci bene, scapperà con qualcun altro. Non so voi, ma io preferisco mantenere le mie finanze sotto controllo, proprio come un bravo domatore di leoni!

Se vi aspettate un altro noioso manuale di finanza personale, siete sulla via sbagliata. Qui non ci sono noiosi diagrammi a torta, né paragrafi interminabili che sembrano ricette per insonnia. No, no, no... Questo è "Finanza personale irriverente:

Diventa miGlionario in 2 mesi e 7 minuti". Quindi preparatevi a scoprire un modo assolutamente diverso, folle e deliziosamente divertente di fare finanza personale.

Questo libro, che io chiamerei più volentieri il manuale del perfetto manipolatore finanziario, è un'opera pensata per i poveri smarriti nel mondo del risparmio e dell'investimento. Che tu sia un novellino che pensa che un "fondo comune di investimento" sia una raccolta di soldi per una festa, o un veterano che si è già scottato qualche volta, qui troverai qualcosa di utile.

Nel corso di questo viaggio un po' folle e irriverente, ci imbatteremo in una serie di temi da capogiro: dal risparmio - perché, credetemi, comprare quel terzo paio di scarpe con il 70% di sconto non è un vero risparmio - agli investimenti, dove rischierai i tuoi soldi per provare a farne di più, come una scommessa al casinò, ma con un po' più di classe.

Ci avventureremo nei meandri del mondo degli investimenti, esplorando le oscure foreste delle azioni, le rapide turbolente delle obbligazioni, le savane assolate dei fondi comuni di investimento e i deserti spietati dell'immobiliare. Poi, parleremo di come difenderci dalle insidie fiscali, un po' come fare parkour su un campo minato.

E non dimentichiamo la psicologia degli investimenti, dove scopriremo come le nostre stesse teste possono trasformarsi nei nostri peggiori nemici. Infine, esamineremo la pianificazione finanziaria, perché senza una mappa, è facile perdersi in questo labirinto di opportunità e rischi.

Attenzione, però: raggiungere la stabilità finanziaria e accumulare ricchezza è rischioso come scalare l'Everest con un paio di flip flop. Richiede tempo, impegno, e una buona dose di pazienza. Ma non preoccupatevi, vi fornirò la corda di sicurezza e gli scarponi adatti per affrontare questa scalata in sicurezza.

Dunque, mettiti comodo, prendi una tazza di caffè (o un bicchiere di whisky, chi sono io per giudicare?) e preparati a imparare come fare danzare i tuoi soldi al tuo comando. Ricorda, il successo finanziario non è un coniglietto che ti salta fuori dal cilindro magico. Esige pianificazione, disciplina e impegno costante. Come un giardiniere paziente che cura le sue piante, dovrai nutrire e coltivare i tuoi investimenti. Ma rilassati, non stiamo parlando di un giardinaggio noioso. Piuttosto, è come un gioco di strategia in cui tu sei il generale in comando.

Prima di lanciarti in questa battaglia finanziaria, mettiti comodo e rifletti su ciò che desideri ottenere. Forse sogni di comprare una villa in riva al mare, di assicurare un'istruzione universitaria per i tuoi pargoli, di creare una cascata di reddito passivo o di prepararti per una pensione da nababbo. Avere obiettivi chiari e realistici ti aiuterà a mantenere il focus e non perderti nelle nebbie dell'incertezza.

Ora, le cattive notizie: non esiste una soluzione "taglia unica" per la gestione delle finanze personali. Dopotutto, siamo tutti diversi, e quello che funziona per l'amante di tua moglie potrebbe non funzionare per te. Ma non preoccuparti, qui ti aiuteremo a scolpire la tua strategia finanziaria personalizzata, un po' come un sarto che prende le misure per cucirti un vestito su misura.

Quindi, siete pronti a tuffarvi in questa avventura? Preparatevi a imparare, a mettere in pratica le nuove conoscenze e a intraprendere il viaggio verso il successo finanziario. Non sarà sempre una passeggiata, ma insieme potremmo trasformarlo in un viaggio incredibile, e magari persino divertente!

Inizia ora il tuo percorso verso una maggiore consapevolezza finanziaria e la realizzazione dei tuoi sogni e obiettivi. Come un pirata che intraprende la ricerca di un tesoro nascosto, preparati a sfidare i pericoli e a navigare verso la tua fortuna. Non possiamo garantirti un viaggio senza tempeste, ma ti promettiamo che non ti lasceremo affondare. Salpa con noi verso l'avventura finanziaria della tua vita.

E ora, senza ulteriori indugi, partiamo! Ogni capitolo di questo manuale è stato progettato per darti una panoramica completa e dettagliata dei vari aspetti del risparmio e dell'investimento, permettendoti di acquisire le competenze e le conoscenze necessarie per trasformarti in un vero lupo di Wall Street.

Così, signori e signore, preparatevi a imparare, a ridere, a sorprendervi e a intraprendere il viaggio verso il successo finanziario a lungo termine. Non vediamo l'ora di accompagnarti in questo viaggio e ti auguriamo ogni successo nel raggiungimento dei tuoi obiettivi finanziari e nella creazione di un futuro finanziario sicuro e prospero per te e la tua famiglia. Pronti per l'avventura? Mettiti il casco, allaccia la cintura e preparati a decollare verso la conquista del tuo

Everest finanziario. Assicurati solo di non avere il mal d'aria, perché stiamo per volare alto!

Oh, una cosa prima di iniziare: se ti aspetti che la strada verso la ricchezza sia una superstrada rettilinea e liscia come la seta, posso garantirti che rimarrai deluso. Piuttosto, considera tutto questo come una sorta di gita fuori porta su una strada tortuosa di montagna. Ci saranno salite ripide, discese impervie e curve strette. Ma alla fine, il panorama là in cima sarà straordinario.

Durante il nostro viaggio, esamineremo vari concetti chiave relativi al risparmio e all'investimento. Ma non preoccuparti, non sarà una di quelle noiose lezioni universitarie. Ti prometto che renderò tutto il più interessante e divertente possibile. Tra le altre cose, parleremo di:

- Ti svelerò i segreti nascosti dell'arte antica del risparmio, esplorando le astuzie più sorprendenti per far crescere il tuo gruzzolo senza dover diventare un eremita. E non dimentichiamo il Fondo di Emergenza - quel supereroe in incognito pronto a soccorrerti quando la vita decide di lanciarti delle curve a sorpresa!

-Le basi degli investimenti, dove spiegheremo concetti come rendimento, rischio e diversificazione (sì, sappiamo che suona noioso, ma aspetta di sentire le nostre battute su di esso).

-I diversi tipi di investimenti disponibili: azioni, obbligazioni, fondi comuni di investimento, immobili, e persino quella moneta strana di cui tuo nipote non smette di parlare (bitcoin, è questo che intendi, vero?).

-Le strategie di investimento di base, come l'investimento a lungo termine e il "dollar-cost averaging". Suona complicato, vero? Non ti preoccupare, lo svisceremo come un chirurgo!

E molto altro ancora!

Alla fine di questo percorso, speriamo che tu non solo abbia acquisito una solida base di conoscenze e competenze finanziarie, ma che tu abbia anche riso e ti sia divertito lungo il cammino.

Sii paziente, perseverante e preparati a lavorare sodo. Ricorda, la strada per la stabilità finanziaria e la creazione di ricchezza a lungo termine è un percorso pieno di sfide. Ma con il coraggio, la determinazione e un po' di umorismo, sei più che pronto per affrontare tutto questo. Allora, cosa stai aspettando? Avanti, il mondo della finanza personale ti aspetta!

Ah, la famosa frase "Diventa miGlionario in 2 mesi e 7 minuti". Ora, non fraintendetemi, amici. Se pensate che sia una promessa vera e propria, allora probabilmente credete anche che ci sia un anguilla dorata in fondo alla pentola di spaghetti che bolle nella vostra cucina.

È chiaramente un'esagerazione, un pizzico di sale nel minestrone della finanza personale. Ma è anche un gentile promemoria: se vi imbattete in un guru finanziario dall'aria troppo sicura di sé che vi promette di trasformare un pugno di monete in un mucchio di banconote da mille in un baleno, forse è il caso di alzare un sopracciglio (o entrambi, se siete davvero preoccupati).

Ricordate, amici, la finanza è un gioco a lungo termine. Una maratona, non uno sprint. Non si tratta di diventare ricchi all'istante, ma di costruire la ricchezza con saggezza e costanza e, naturalmente, con un bel sorriso sul volto.

Ed ora, abroghiamo la solennità e introduciamo un po' di divertimento in questo noioso mondo della finanza. Dopo tutto, chi ha detto che non possiamo ridere mentre facciamo soldi?

Capitolo 1

L'analfabetismo finanziario o Finanzasaurus Rex

Come non diventare una specie estinta nel mondo finanziario

"L'analfabetismo finanziario è come andare in un ristorante francese senza conoscere una parola di francese. Potresti pensare di aver ordinato un filetto di manzo e ritrovarti con una zuppa di lumache."

Scopriamo insieme l'analfabetismo finanziario (che d'ora in poi chiameremo Finanzasaurus Rex) , il dinosauro spaventoso che sconvolge l'ecosistema di molte famiglie in ogni angolo del globo. Questo mostro sottrae alle persone la comprensione di concetti e pratiche fondamentali come budget, risparmio, investimento e gestione del debito. Le sue zanne possono infierire sulla stabilità economica di famiglie intere, causando decisioni finanziarie sbagliate, stress e vertigini economiche. In questo capitolo, ti porteremo in un safari attraverso le cause e le conseguenze di questo gigante preistorico, discutendo le sfide che le famiglie devono affrontare per evitarlo e migliorare la loro vita finanziaria.

Origini del Finanzasaurus Rex

La nascita del Finanzasaurus è alimentata da una serie di fattori culturali, sociali ed educativi. Tra i più notevoli troviamo:

-<u>Scoliosi Educativa</u>: In molti luoghi, l'educazione finanziaria non è considerata un muscolo da allenare nelle scuole. Questo lascia i giovani senza armature per affrontare la battaglia delle finanze personali.

-<u>L'Effetto Dinosauro</u>: Quando i genitori non hanno un vocabolario finanziario robusto, i loro figli sono più propensi a ereditare la stessa condizione.

-<u>Labirinto Finanziario</u>: Il mondo delle finanze può essere un dedalo intricato e in costante evoluzione, rendendo difficile per il cittadino comune trovare la strada verso il tesoro.

Morsi del Finanzasaurus Rex

L'analfabetismo finanziario può infliggere danni in molti modi, tra cui:

-<u>Risparmi dimenticati</u>: Le famiglie senza un compass finanziario hanno spesso difficoltà a risparmiare per il futuro, o per la pioggia inaspettata.

-<u>Il Burattino dei Debiti</u>: Cadere nella trappola dei debiti ad alto interesse può trasformarti in un burattino nelle mani del Finanzasaurus.

-<u>Il Gioco d'azzardo dell'Investimento</u>: Senza una mappa finanziaria chiara, le famiglie possono trovarsi a fare scommesse rischiose che possono portare a perdite devastanti.

-<u>Navigare nel futuro a occhi chiusi</u>: La mancanza di comprensione di concetti come la pianificazione della pensione, le assicurazioni, la gestione delle tasse può farci andare alla deriva.

-<u>Ansia Monetaria</u>: Il Finanzasaurus può portare a una maggiore ansia e stress monetario, avendo un impatto negativo sulla salute, sulle relazioni e sulla qualità della vita.

L'Arma segreta: l'educazione finanziaria

L'educazione finanziaria è la nostra arma segreta per combattere il Finanzasaurus Rex. Ecco come possiamo affilare le nostre spade:

-<u>Incoraggiare l'educazione finanziaria nelle scuole</u>: Armati di conoscenza da giovani, i futuri guerrieri possono affrontare la lotta finanziaria in modo più efficace.

-<u>Risorse per i "vecchi cani" finanziari</u>: Fornire corsi e seminari ai genitori e agli adulti può insegnare a un "vecchio cane" nuovi trucchi finanziari, aiutandoli a navigare meglio nel labirinto finanziario.

-<u>Utilizzare la comunicazione e la tecnologia</u>: Internet, le applicazioni mobili e i social media possono essere usati come "scudi digitali", rendendo l'apprendimento finanziario più accessibile e coinvolgente.

-<u>Creare una cultura del risparmio e dell'investimento</u>: L'abitudine al risparmio e all'investimento può essere come il "pane quotidiano" per nutrire una vita finanziaria sana.

-Sostenere iniziative che promuovono la stabilità finanziaria: Cooperare con leader politici e ONG per favorire l'accesso all'educazione finanziaria può aiutare a tenere il Finanzasaurus Rex alla larga e a migliorare la vita finanziaria delle famiglie.

In conclusione, il Finanzasaurus Rex è un nemico serio e persistente che può causare danni sia alle famiglie che alla società nel suo insieme. Ma con un impegno collettivo da parte dei singoli, delle famiglie, degli educatori, dei leader politici e delle istituzioni finanziarie, possiamo armare ogni famiglia con le conoscenze e le competenze necessarie per combattere efficacemente questo dinosauro.

Quindi, mano nella mano con la nostra amica, la consapevolezza finanziaria, e con l'aiuto di buona vecchia istruzione, le famiglie possono trasformarsi in super-eroi finanziari! Sapendo quando e dove mettere le loro monete d'oro, come nutrire il loro drago dell'investimento e come tenere a bada il mostro del debito. Più intuizioni acquisiscono sul mondo magico della finanza, più il mostro dello stress finanziario comincia a rimpicciolirsi. Questa magia non solo rende la vita quotidiana meno spaventosa, ma apre anche le porte alla magnifica fortezza della sicurezza finanziaria a lungo termine. E non è questo il vero tesoro che tutti stiamo cercando?

* * * *

Nel corso dei prossimi capitoli, andremo più in profondità nella giungla dell'educazione finanziaria e forniremo consigli pratici e strategie per aiutare le famiglie a migliorare le loro competenze finanziarie e a combattere il Finanzasaurus. Impareremo insieme come creare un bilancio familiare, risparmiare denaro, investire con saggezza e gestire il debito in modo responsabile.

Invitiamo tutti i lettori a unirsi a noi in questa avventura di apprendimento e ad applicare le lezioni apprese alla propria vita finanziaria. Facciamo un piccolo viaggio immaginario. Immagina di avere una macchina del tempo, pronta a portarti nel futuro. Ora, pensa a quello che vorresti trovare: un'isola di sicurezza e prosperità, giusto? Bene, l'educazione finanziaria è il carburante per quella macchina del tempo! È l'investimento più intelligente che tu possa fare, non solo per il tuo viaggio personale, ma anche per quello della tua famiglia. Ogni granello di saggezza che raccogli oggi diventa una pietra preziosa nel tuo tesoro del futuro, aiutandoti a costruire un regno finanziario forte e fiorente. Allora, che ne dici? Pronto a salire a bordo della macchina del tempo?

Capitolo 2
<u>Il grande tesoro nascosto, alias, il risparmio</u>

"Il risparmio è un modo eccellente per rimandare i piaceri di oggi ai dolori di domani."

Chi non sogna un tesoro nascosto da scoprire? Ma non hai bisogno di una mappa del pirata per trovarlo. Il tesoro è proprio sotto il tuo naso, è il tuo risparmio! Può sembrare una sfida da affrontare con spade e pistole, soprattutto se non sei dotato di strategie e tecniche efficaci. Ma tranquillo, in questo capitolo ti daremo due formidabili spade da duellante: la pianificazione finanziaria personale e il risparmio programmato. Scoprirai come forgiare e affilare queste armi, e come usarle per trasformare le tue finanze in un tesoro splendente.

2.1: Scopri il tesoro del risparmio: definizione e importanza nella tua vita finanziaria

Cominciamo con una definizione, ma condiamola un po'. Il risparmio, amici miei, è l'arte di esercitare l'autodisciplina e far finta di essere una marmotta che nasconde le nocciole per l'inverno. È come avere il tuo piccolo tesoro nascosto di monete d'oro, o come quella vecchia scatola di biscotti che tua nonna usava per nascondere i soldi dalla mala sorte. Sì, è quella parte dei tuoi guadagni che riesci a nascondere a te stesso prima di sentirti tentato di comprare l'ennesimo paio di scarpe o l'ultimo gadget tecnologico.

È una tattica astuta nel tuo viaggio verso il paese delle meraviglie finanziarie, è il tuo copilota fidato che non ti lascia mai solo, nemmeno quando l'auto della vita prende una curva troppo stretta. Puoi guardarlo come la tua stella polare finanziaria che ti guida sicura attraverso le acque tumultuose dei conti bancari vuoti e dei prestiti alle stelle, portandoti verso un porto sicuro, un futuro finanziario luminoso, e chissà, forse persino un yacht. Che sia a breve, medio o lungo termine, il tuo gruzzolo di risparmi è sempre lì, pronto a darti una mano quando ne hai più bisogno.

Il risparmio ti permette di creare un fondo emergenze (il tuo forziere del pirata personale), accumulare ricchezze per futuri investimenti (la tua cassaforte personale), e garantire una pensione solida (il tesoro che ti aspetta alla fine dell'arcobaleno). Ma non è tutto. Il risparmio ti aiuta anche a instaurare una disciplina finanziaria e a sviluppare abitudini sane nella gestione delle tue risorse personali. Fondamentalmente, il risparmio è la bussola che ti guida verso stabilità finanziaria e crescita economica.

<u>Il risparmio è il tuo amico fedele che ti impedisce di spendere più denaro di quanto ne guadagni.</u> Senza una solida cultura del risparmio, è facile cadere nella trappola del debito e del caos finanziario, e finire naufragati in un mare di incertezze

economiche. La stabilità finanziaria, infatti, non può esistere senza il risparmio: devi mantenere un equilibrio tra entrate e uscite per gestire in modo sostenibile le tue finanze.

Quindi, il risparmio non è solo la tua cassaforte personale per affrontare gli ostacoli futuri, ma è anche il tuo scudo invisibile contro le trappole del debito e le raffiche di instabilità finanziaria. Mettendo in pratica una dieta di risparmio saggio, puoi piantare le fondamenta di un grattacielo finanziario robusto, promuovendo una crescita economica che è come un bonsai - piccolo ma sostenibile, a livello individuale e collettivo.

2.2 Strategie di accantonamento

Pianificazione finanziaria personale

La pianificazione finanziaria personale è il tuo compasso finanziario, aiutandoti a navigare tra le entrate e le uscite, delineando un piano su come risparmiare e investire il tuo denaro. Costruire e seguire una pianificazione finanziaria personale è come avere una mappa del tesoro delle tue finanze, identificando le aree di risparmio nascoste e permettendoti di prendere decisioni illuminate per raggiungere le tue mete finanziarie.

Per dare vita a una pianificazione finanziaria personale, devi seguire questi passi:

-Inventario delle Entrate: Bene, partiamo dal primo passo: giocare a "Dov'è Waldo?" con i tuoi soldi. È ora di scrivere tutte le tue fonti di reddito, ogni singola cosa che ti fa guadagnare soldi e ti fa sentire come Paperon de' Paperoni.

Iniziamo con lo stipendio. Sì, quel misero stipendio che arriva ogni mese, puntualmente, come un fidato labrador. Magari non è molto, ma è un punto di partenza. Sei un freelance? Allora hai entrate da lavoro autonomo - speriamo solo che i tuoi clienti ti paghino in tempo.

E i guadagni da investimenti? Ah, giusto, hai cominciato a giocare a Monopoly nel mondo reale. Quindi, se le tue azioni stanno facendo meglio di un cavallo da corsa dopato, allora hai dei guadagni da aggiungere alla tua lista. Se invece ti trovi in mezzo a una tempesta di mercato e le tue azioni assomigliano più a un vecchio ronzino malandato, beh... forse dovresti rimandare quella vacanza ai Caraibi.

Ma non fermarti qui. Ci sono altri modi per fare soldi? Fai i conti di tutte quelle piccole fonti di reddito che hai. Magari stai affittando una stanza su Airbnb, vendendo le tue vecchie magliette dei concerti su eBay, o sei diventato il piccolo re della vendita di torte fatte in casa. Ogni singolo euro conta!

Una volta che hai scritto tutto, è tempo di prendere la calcolatrice. Non preoccuparti, non ti sto chiedendo di risolvere un'equazione differenziale, devi solo sommare tutte queste cifre. Ecco il tuo reddito mensile totale. Non è poi così difficile, vero? Ricorda, la finanza personale non è un mostro, è solo un grande puzzle. E con questo libro, sei sulla strada giusta per diventare il prossimo campione di Tetris finanziario!

-<u>Inventario delle Spese</u>: Ora che hai passato al setaccio i tuoi redditi come un cercatore d'oro dell'800, è tempo di fare lo stesso con le tue spese. Sì, amico mio, è arrivato il momento di affrontare i fantasmi nel tuo armadio finanziario.

Prendiamo la categoria dell'alloggio. No, non sto parlando di quell'appartamento con vista sul mare che hai sempre sognato. Sto parlando del tuo affitto attuale o del mutuo. Sì, quell'importo che ti ricorda ogni mese quanto ami il tuo casalingo, ma costoso, nido.

Passiamo poi al trasporto. Hai una macchina? Inserisci i costi del carburante, dell'assicurazione, dei pedaggi e delle riparazioni. Non hai una macchina? Inserisci le spese per i trasporti pubblici. Usi una bicicletta? Fantastico, stai risparmiando un bel po' di soldi e facendo del bene all'ambiente. Inserisci comunque i costi per la manutenzione della bicicletta.

Proseguiamo con i generi alimentari. Sì, quei pacchi di pasta, quelle verdure fresche, quel vino che ti piace tanto... Ogni cosa che compri per sfamarti va qui. Ma attento: i pasti al ristorante e i cocktail con gli amici non contano. Quelli li mettiamo a parte, sotto intrattenimento.

E poi abbiamo le spese mediche. Oh, non mi guardare così. Sappiamo tutti che un controllo dal dentista ogni tanto è necessario, a meno che tu non voglia sfoggiare un sorriso alla Jack Sparrow.

Non dimentichiamoci poi dell'intrattenimento. Che tu sia un cinefilo, un amante dei concerti, un foodie o un viaggiatore, metti qui tutte le spese legate ai tuoi hobby e ai tuoi divertimenti.

Infine, risparmio e investimenti. Sì, so che hai già fatto qualche investimento. Bene, amico mio. Continua così. Ma non dimenticare di mettere da parte qualche soldo per il futuro. La pensione può sembrare lontana, ma è più vicina di quanto pensi.

Adesso, somma tutte queste spese. Sì, lo so, può essere un po' spaventoso vedere il totale. Ma non preoccuparti, adesso che sai dove va il tuo denaro, sei già un passo avanti nel gioco della finanza personale. E ricorda, se riesci a gestire i tuoi soldi, puoi gestire qualsiasi cosa. Anche quella tigre di Tasmanian Devil che hai in cantina. Scherzo! O forse no?

-<u>Confronta entrate e spese</u>: Prenditi una calcolatrice, o una matita e un pezzo di carta, se sei old school. Dopo aver considerato tutte le tue entrate e spese, lancia il dado finale. Ecco il verdetto: sei nel verde o nel rosso?

Se hai dei soldi che ballano la conga sul tuo conto corrente, sei un vincente! Puoi risparmiare, investire, o pagare quei fastidiosi debiti come fossero caramelle. Ma se stai guardando un abisso finanziario, beh, è tempo di indossare l'elmo e cercare modi per tagliare le spese o sfruttare il tuo talento per fare più grana. Ricorda, sei al timone della tua nave finanziaria, quindi evita l'iceberg!

-<u>Stabilisci obiettivi di risparmio e spesa</u>: Allora, è arrivato il momento di smettere di far volare i soldi come se fossero stelline magiche. Non siamo a Hogwarts, qui.

Dai un'occhiata a quelle categorie di spese. Ti piace quel numero che sta accanto al "ristoranti"? No? Bene, è tempo di stringere la cinghia. Stabilisci obiettivi di risparmio che non ti facciano vivere di sola pasta e acqua, ma che siano comunque un po' impegnativi.

Vedi aree in cui stai spendendo troppo? Perfetto, riduci le spese. Trasforma quel abbonamento alla palestra che non usi mai in un paio di scarpe da jogging. Ricorda, ogni euro risparmiato è un euro guadagnato. O forse era "ogni euro risparmiato è un euro non speso"? Bah, tu capisci cosa intendo.

-<u>Monitora e aggiorna la tua Pianificazione</u>: Dulcis in fundo, prenditi un momento ogni tanto per fare un check-up finanziario. Certo, probabilmente preferiresti fare un bagno in una piscina piena di limoni con una ferita aperta, ma fidati di me, ti aiuterà a lungo termine.

Osserva quelle cifre. Stai rispettando il tuo piano o hai iniziato a deviare come un GPS difettoso? Sei diventato un miliardario o hai appena comprato la tua quinta confezione di fagioli al supermercato perché era in offerta?

Se qualcosa è cambiato - magari hai vinto alla lotteria, hai ricevuto un aumento (un brindisi per te!) o hai scoperto che le borse firmate in realtà non crescono sugli alberi - aggiorna il tuo piano di conseguenza. Non aver paura di fare un ritocco qua e là. La pianificazione finanziaria non è un tatuaggio, può essere modificata. E se non lo fai, il tuo portafoglio potrebbe finire per somigliare a un vecchio calzino pieno di buchi. E non vogliamo certo quello, vero?

-<u>Risparmio Programmato</u>: Il risparmio programmato è come quell'amico che arriva inaspettatamente a una festa e inizia a fare scorta di snack per il viaggio di ritorno a casa. Solo che invece di riempirsi le tasche di patatine, stai riempiendo il tuo conto di risparmio con i tuoi sudati soldi, a intervalli regolari.

Potrebbe essere mensile, trimestrale, o - se ti senti particolarmente pazzo - settimanale!

Ecco il bello: una volta impostato, diventa automatico. Come una caffettiera programmata che inizia a preparare il tuo caffè prima che il tuo allarme suoni. Tranne che, in questo caso, stai facendo gocciolare i soldi nel tuo conto di risparmio invece del caffè nella tua tazza.

Questo sistema fa miracoli nel combattere la tentazione di fare uno shopping selvaggio da "Ho vinto alla lotteria" ogni volta che ricevi uno stipendio. È come avere un personal trainer finanziario che ti impedisce di deviare dal tuo regime di allenamento per il risparmio. Non importa quanto brillino quelle scarpe nuove in vetrina, il tuo risparmio programmato è lì per ricordarti: "Ehi, tu! Sì, tu con gli occhi lucenti e i sogni di scarpe nuove. Ricordati, stiamo risparmiando qui!"

Quindi, se vuoi dare una mano al tuo futuro io a costruire quella montagna di risparmi, imposta un piano di risparmio programmato. Ti aiuterà a tenere il risparmio in cima alla lista delle tue priorità finanziarie, proprio dove dovrebbe stare. E magari, un giorno, quel futuro io potrà anche permettersi quelle scarpe di lusso... senza sensi di colpa!

I vantaggi del risparmio programmato:

-<u>Ritmo del Risparmio</u>: Il risparmio programmato è come la tua canzone preferita in loop: una volta che inizia, non si ferma mai. Trasforma la noiosa opera di risparmiare in una melodia che suona in sottofondo, continuamente. In poche parole, il risparmio diventa una star di prima grandezza nel tuo concerto finanziario personale. E tu, sei il DJ che sceglie le tracce.

Quindi, lascia che il ritmo del risparmio ti porti in alto, amico mio!

-Disciplina finanziaria: L'automatizzazione del risparmio è come quel genitore severo ma amorevole che abbiamo tutti avuto o desiderato avere. Tu sei là, il portafoglio pieno, le luci del negozio di scarpe ti attirano come un falco su un topo ignaro e bam! Il tuo "genitore" automatizzato del risparmio ti fa un richiamo: "Ehi, giocoliere delle finanze, quei soldi erano destinati al salvadanaio, non a un altro paio di scarpe!"
Vedi, l'automatizzazione non solo previene l'istinto di trasformarti in uno spendaccione seriale, ma mette la cintura di sicurezza al tuo piggy bank finanziario. In un batter d'occhio, ti trasforma da un maniaco della spesa a un discepolo della disciplina finanziaria, con la stessa facilità con cui si passa da una canzone pop orecchiabile alla sinfonia n.5 di Beethoven. E tutto ciò senza che tu muova un dito. Stai già vivendo la tua versione di 'Risparmiatore anonimo', congratulazioni!

-Accumulo progressivo di risparmi: Immagine: tu, alla guida di una macchina di risparmio turbo-charged, con l'acceleratore premuto a fondo verso il futuro dei tuoi sogni finanziari. Guardi nello specchietto retrovisore e quello che vedi è il tuo vecchio sé spendaccione che si sta lentamente dissolvendo nel nulla. Tu, nel frattempo, stai attraversando il viale dei tuoi obiettivi finanziari come un pilota di Formula 1.
E lì, sulla strada, vedi un cartello stradale che dice "Fondo di emergenza". E sai una cosa? Non sei solo ben equipaggiato per quel percorso scivoloso, ma stai costruendo una sorta di Fort

Knox finanziario, così impenetrabile che nemmeno la più temibile delle emergenze può scalfirlo.

Allora, amico mio, tieni i piedi sull'acceleratore e continua a risparmiare. Il tuo me del futuro ti ringrazierà per il viaggio panoramico attraverso l'autodromo del risparmio!

-<u>Capitalizzazione composta</u>: il risparmio programmato è il tuo amico con superpoteri che ti aiuta a conquistare la bestia della capitalizzazione composta. Traduzione? Fai lavorare i tuoi soldi mentre tu dormi, con gli interessi che fanno figli e nipoti. Magicamente, il tuo gruzzolo cresce, e tutto quello che devi fare è... beh, praticamente niente. Un vero affare, non trovi?

Come implementare il risparmio programmato:
Per implementare il risparmio programmato nella tua vita finanziaria, segui questi passaggi:

-Stabilisci l'importo e la frequenza del risparmio.
Decidi quanto denaro desideri risparmiare regolarmente e con quale frequenza (ad esempio, mensilmente o trimestralmente). Prendi in considerazione le tue entrate, le spese e gli obiettivi di risparmio stabiliti nella tua pianificazione finanziaria personale.

-Scegli un conto di risparmio o un altro strumento finanziario.
Seleziona un conto di risparmio o un altro strumento finanziario in cui depositare i tuoi risparmi programmati. Esplora le opzioni che offrono tassi di interesse competitivi e che si adattano alle tue necessità e preferenze finanziarie.

-Imposta trasferimenti automatici.

Configura trasferimenti automatici dal tuo conto corrente al tuo conto di risparmio o all'altro strumento finanziario scelto. Assicurati che i trasferimenti avvengano con regolarità, in base alla frequenza che hai stabilito.

Grazie ai trasferimenti automatici, non devi preoccuparti di mettere da parte denaro manualmente ogni mese, eliminando così il rischio di dimenticanze o di procrastinare la decisione di risparmiare. Inoltre, questa pratica incoraggia l'abitudine di considerare il risparmio come una spesa fissa, al pari delle altre spese mensili, piuttosto che come un'opzione facoltativa.

-Monitora e adegua il tuo risparmio programmato.

Infine, tieni sotto controllo i tuoi risparmi programmati e apporta modifiche se necessario. Ad esempio, potresti decidere di aumentare l'importo del risparmio programmato se le tue entrate aumentano o se raggiungi un obiettivo di spesa.

In conclusione, la pianificazione finanziaria personale e il risparmio programmato non sono solo noiosi argomenti di contabilità, ma sono le tue armi segrete per conquistare il mondo - o almeno il tuo mondo finanziario. Sono come i superpoteri finanziari che ti permettono di mettere i soldi da parte per il futuro, quasi come se stessi nascondendo una cassa del tesoro. Attuando questi diabolici piani, non solo avrai le redini delle tue spese - sarai il cowboy delle tue finanze! - ma stabilirai e raggiungerai gli obiettivi di risparmio con la precisione di un cecchino. E la ciliegina sulla ciliegina? Potrai migliorare la tua sicurezza finanziaria nel lungo termine. Allora, sei pronto a diventare il supereroe delle tue finanze?

2.3 Fono di emergenza, accantonare un gruzzolo per i giorni di pioggia

Ok, ora parliamo di quello che sembra l'argomento più noioso del mondo, ma che in realtà potrebbe salvarti il sedere: la creazione di un fondo di emergenza. È come costruire un bunker finanziario per difenderti da attacchi di conti imprevisti. Ti guiderò passo passo attraverso il meraviglioso mondo dell'accumulo di denaro per i giorni no.

Prima di lasciarti andare a comprare quella decima paia di scarpe che "davvero ti servono", devi fare un passo indietro e pensare alla tua povera vecchia sicurezza finanziaria. Il fondo di emergenza è come il tuo supereroe invisibile, pronto a intervenire quando le cose si fanno brutte - perdita del lavoro, costi medici più alti del previsto, la tua auto che decide di rompersi in mezzo al nulla. Questo gruzzolo ti offre la tranquillità di sapere che sei coperto, senza dover implorare soldi a usurai o indebitarti fino al collo.

Ecco alcuni motivi per cui dovresti avere un fondo di emergenza:

-Salvatore finanziario: Un fondo di emergenza ti tiene lontano dai guai finanziari inaspettati, funzionando come un salvagente quando ti trovi in acque tempestose.

-Antistress: Avere un gruzzolo da parte ti libera da quei brutti pensieri di "Oh mio Dio, cosa succede se...?" che ti tengono sveglio la notte.

-Scudo contro il debito: Non hai bisogno di correre a chiedere prestiti con interessi esorbitanti o peggiorare la tua situazione di debito se hai un fondo di emergenza. È come un fido scudo contro gli imprevisti.

-Libertà finanziaria: Un fondo di emergenza ti dà il superpotere di essere flessibile con le tue decisioni finanziarie, permettendoti di affrontare gli imprevisti senza entrare nel panico.

Ora, capire quanto denaro dovresti mettere da parte per il tuo gruzzolo non è come tirare un numero a caso da un cappello magico. Devi considerare diverse cose, come le tue spese mensili, la tua situazione lavorativa e di reddito, i tuoi debiti, la tua situazione familiare e la tua copertura assicurativa. Generalmente, è consigliabile avere un fondo di emergenza che copra almeno 3-6 mesi di spese di sussistenza.

Ok, hai capito quanto dovresti risparmiare. E ora? Ora è il momento di mettere in atto un piano astuto per costruire il tuo fondo di emergenza. Non preoccuparti, non è un compito da supereroi. Ecco alcuni suggerimenti:

-Inizia piccolo: Se l'idea di risparmiare per un fondo di emergenza ti sembra più impossibile che scalare l'Everest in infradito, inizia con un obiettivo più piccolo. Non c'è bisogno di arrivare al traguardo tutto in una volta.

-Risparmio programmato: Fai amicizia con questa piccola magia chiamata risparmio programmato. E' come un personal trainer finanziario che ti aiuta a fare costantemente esercizio di risparmio.

-Configura un trasferimento automatico dal tuo conto corrente a un conto di risparmio specifico per il tuo fondo di emergenza.

-Scegli il tuo recinto di denaro: per il tuo fondo di emergenza, vuoi un conto che ti permetta di prelevare i soldi facilmente quando è il momento di usare il tuo superpotere finanziario. Ma vuoi anche un conto che ti dia un tasso di interesse decente così da accumulare più denaro nel tempo. Quindi scegli saggiamente.

-Taglia le spese inutili: Cerca i buchi nel tuo portafoglio da cui i soldi sembrano scomparire. Potrebbero essere abbonamenti dimenticati, cene fuori troppo frequenti o shopping compulsivo. Taglia queste spese e guarda come il tuo gruzzolo inizia a crescere.

-Crea entrate extra: Se riesci, cerca modi per guadagnare qualche soldo extra. Potrebbe essere un lavoro part-time, un lavoretto da freelancer o vendere le tue opere d'arte online. Questi guadagni extra possono essere indirizzati direttamente al tuo fondo di emergenza.

-Niente "prelievi di emergenza" per spese non urgenti: una volta che hai iniziato a costruire il tuo gruzzolo, resisti alla tentazione di usarlo per comprare quella nuova TV o quel vestito che "devi assolutamente avere". Ricorda, il tuo fondo di emergenza è per le emergenze, non per gli acquisti impulsivi.

-Rivedi e aggiorna: Le tue finanze non sono statiche. Evolvono nel tempo, quindi è importante che il tuo fondo di emergenza lo faccia anche. Controlla periodicamente per assicurarti che sia sempre in linea con le tue esigenze attuali.

In sintesi, il fondo di emergenza non è solo per i maniaci del controllo finanziario. E' per chiunque voglia avere un po' di pace mentale e di stabilità nelle loro decisioni finanziarie. Segui i consigli qui sopra e ti garantisco che sarai sulla strada per diventare un supereroe finanziario con un solido gruzzolo pronto a soccorrerti quando ne hai bisogno.

Capitolo 3
<u>Gli investimenti</u>
Mettiamo a lavoro quei soldi pigri

"Sogni un conto in banca più pieno? Smetti di sognare e inizia ad investire."

Eccoci arrivati al capitolo 3, dove vi spiegheremo come passare da semplici risparmiatori a manager dei vostri portafogli. Fino a ora ci siamo concentrati su come costruire un salvadanaio personale e come diventare un genio del budget. Ma, hey! Non siamo qui solo per mettere da parte i soldi come un vecchio taccagno, giusto? È ora di dare una svegliata a quei soldi e metterli al lavoro per noi. Sì, hai capito bene: gli investimenti sono la nostra nuova parola d'ordine!

L'investimento, amici miei, è come il condimento piccante sulla vostra pizza finanziaria. È quello che prende i vostri risparmi, li scuote per le spalle e dice: "Hey, dormiglioni, è ora di alzarvi e moltiplicarvi!". E questo capitolo è la vostra guida per diventare padroni dell'investimento.

Allora, cosa si intende per investimento? Beh, in parole povere, è come comprare una gallina dalle uova d'oro, o meglio ancora, un intero pollaio. Metti da parte una parte delle tue risorse (che siano soldi, beni o galline) con l'idea di ricevere in cambio una montagna di uova dorate. Queste galline potrebbero essere azioni, obbligazioni, fondi comuni di investimento, immobili o altre opzioni esotiche che scopriremo più avanti.

Perché dovresti fare tutto questo? Perché, a differenza dei conti di risparmio o dei depositi a termine che si comportano come un pigro orso in letargo, gli investimenti ben scelti e diversificati possono saltare in aria come un razzo e portarti rendimenti stellari.

Il bello degli investimenti è che trasformano i tuoi soldi in piccoli soldatini che lavorano per te giorno e notte. È come avere un esercito di mini-me che moltiplica le tue risorse e costruisce un impero di ricchezza. E, aspetto più bello, si avvalgono del potere del compounding, ovvero l'interesse composto, che, nel tempo, genera interessi non solo sul capitale iniziale, ma anche sugli interessi accumulati. È come un effetto domino finanziario che continua a crescere e a crescere.

Gli investimenti, se gestiti con cura, possono aiutarti a realizzare i tuoi obiettivi finanziari e a costruire un futuro finanziario solido come una roccia. Ricorda, l'obiettivo non è solo far lavorare i soldi che risparmiamo, ma farli sudare per raggiungere una sicurezza finanziaria da urlo e realizzare tutti i nostri sogni a breve, medio e lungo termine. E ora, afferrate il vostro elmetto da costruttore di imperi e prepariamoci ad affrontare il mondo degli investimenti!

3.1 - Interessi: La musica per le orecchie del tuo portafoglio

Ecco una piccola notizia per te: i soldi possono essere pigri. Oh sì, possono. Ma non temere, c'è un modo per svegliarli e farli lavorare. Benvenuto nel mondo dei tassi di interesse, dove il tuo denaro si fa le ossa e inizia a portare a casa il bacon. O il prosciutto, se sei vegetariano.

Rifletti per un momento sulle tue zucchine (aspetta, lascia che ti spieghi!). Se le lasci nel tuo frigorifero per abbastanza tempo, inizieranno a perdere la loro freschezza, giusto? Ora, immagina di avere un frigorifero speciale che invece di far marcire le tue verdure, le moltiplica. Strano, vero? Ma questo è fondamentalmente ciò che fa un tasso di interesse con i tuoi soldi. È il tuo frigorifero magico per i tuoi soldi.

Ok, torniamo a un linguaggio più sensato. Il tasso di interesse è essenzialmente il costo del denaro nel tempo. È come l'affitto che paghi per l'uso del denaro degli altri. Oppure, se stai investendo, è l'affitto che gli altri pagano per usare il tuo denaro. È il tuo caro amico quando investi e il tuo nemico giurato quando prendi un prestito.

Il tasso di interesse è come il cupido finanziario che fa innamorare i tuoi soldi del tempo. E più tempo passano insieme, più si innamorano, facendo crescere il tuo capitale.

Ora, per capire come funzionano i tassi di interesse, dobbiamo fare un salto in una lezione di matematica di scuola media. Tranquillo, non sarà doloroso come allora. Ricordi l'interesse semplice e l'interesse composto? Sì, quei due. Ecco come funzionano:

-<u>Interesse semplice</u>: è come una relazione a distanza con il tuo denaro. Tu investi una somma iniziale, e quella somma fa un po' di figli (interessi) ogni anno, ma quei figli non fanno figli. È come una famiglia di conigli con un tasso di natalità bassissimo. Alla fine dell'anno, ritiri i tuoi "conigli" di interesse, e la stessa storia si ripete l'anno successivo.

-<u>Interesse composto</u>: ora, questo è il vero affare. È come se i tuoi conigli di denaro avessero improvvisamente deciso di diventare una grande, felice e produttiva famiglia di conigli. Ogni anno, non solo ottieni più "conigli" di interesse, ma questi "conigli" iniziano a fare i loro "conigli". In pratica, guadagni interessi sugli interessi. Questo è quando inizi a vedere una vera crescita esponenziale del tuo capitale.

Così, amici miei, quando pensate agli investimenti, non dimenticate di considerare i tassi di interesse. Sono la melodia dolce che fa cantare il tuo portafoglio. Ricorda che più alta è la canzone (tasso di interesse), più alto sarà il tuo ritorno potenziale. Ma attenzione, potrebbe anche essere un canto di sirena che ti attira in acque finanziarie pericolose. Un tasso di interesse elevato può anche significare un rischio più alto, quindi è sempre importante fare i propri compiti (o chiedere a un professionista) prima di buttarsi a capofitto.

Per capire meglio l'importanza del tasso di interesse, facciamo un esempio. Supponiamo di investire 1.000 euro in un conto che offre un tasso di interesse annuale del 5%. Con l'interesse semplice, la tua somma iniziale avrà prodotto 150 euro dopo tre anni. Non male, vero?

Ma ecco cosa succede se applichiamo l'interesse composto. Nel primo anno, guadagni gli stessi 50 euro. Ma nel secondo anno, guadagni un interesse del 5% non solo sulla tua somma iniziale, ma anche sui 50 euro di interesse che hai già guadagnato. Quindi il tuo capitale salirebbe a 1.102,50 euro. Al terzo anno, il tuo capitale salirebbe a 1.157,63 euro, grazie alla magia dell'interesse composto. E questa magia continua anno dopo anno, moltiplicando il tuo denaro in un modo che l'interesse semplice non può semplicemente competere.

Quindi la prossima volta che pensi a come investire i tuoi soldi, ricorda di considerare il tasso di interesse e il potere dell'interesse composto. Come ogni buona star del rock, il tuo denaro ha bisogno di una buona melodia per farlo cantare. E quella melodia è il tasso di interesse.

E ricorda, ogni centesimo conta. Quindi, risparmia, investi e guarda i tuoi soldi moltiplicarsi. Lascia che i tuoi soldi lavorino per te, non il contrario. Perché alla fine della giornata, non si tratta solo di quanto guadagni, ma di quanto riesci a conservare e moltiplicare. E niente moltiplica i tuoi soldi meglio dell'interesse composto.

Quindi tuffati, fai un tuffo nell'oceano dei tassi di interesse. Ma ricorda di indossare il tuo giubbotto di salvataggio (la tua saggezza finanziaria) e di nuotare con un compagno (un consulente finanziario affidabile o un robot di consulenza, se preferisci l'intelligenza artificiale). Buon nuoto e buon investimento!

3.2 Plusvalenze, dividendi e cedole

Ti prometto, quando inizierai a parlare di plusvalenze, dividendi e cedole, le persone inizieranno a pensare che sei il Warren Buffett della tua città. Ma se queste parole sembrano un po' troppo snob, penso a loro come a degli amici ai quali dai nomi diversi per farli sembrare più interessanti. Non devi essere un genio della matematica per capirli. Sono solo diversi modi in cui i tuoi soldi ti rendono più soldi.

-La Plusvalenza è il tuo amico che ti restituisce il maglione che gli hai prestato anni fa, ma ora vale molto di più perché è diventato vintage. Nel linguaggio degli investimenti, la plusvalenza si verifica quando vendi un investimento (come un'azione o un immobile) per un prezzo più alto rispetto a quello che hai pagato. Questo è il guadagno che ottieni dall'aumento del valore dell'investimento nel tempo. Ma attenzione, come un amico che ti chiede di restituirgli il favore, il governo può voler prelevare una parte di questa plusvalenza sotto forma di imposte.

-I Dividendi sono come la condivisione del bottino dopo un fantastico colpo in banca (legalmente, ovviamente!). Quando possiedi azioni di una società che ha avuto un buon anno, possono decidere di ringraziarti distribuendoti una parte dei loro profitti sotto forma di dividendi. Puoi prendere questi dividendi e spendere tutto in una grande festa, o reinvestirli per comprare più azioni. Ma, come un DJ che continua a suonare la tua canzone preferita, i dividendi possono continuare a portare un flusso di entrate nel tempo.

-Le Cedole sono come i regali di Natale sicuri che ricevi da tua zia ogni anno. Quando investi in obbligazioni, in pratica presti il tuo denaro a una società o a un governo. In cambio, ti promettono di restituirti il tuo denaro dopo un certo periodo di tempo e di pagarti un interesse fisso periodicamente. Questo pagamento di interessi è noto come cedola. Le cedole sono generalmente meno eccitanti dei dividendi o delle plusvalenze, ma possono offrire un flusso di reddito prevedibile e sicuro.

Ora che conosci questi tre amici, plusvalenza, dividendi e cedole, sei pronto a organizzare la festa degli investimenti. Invita tutti, ma ricorda sempre di non mettere tutte le uova nello stesso paniere. Diversifica i tuoi investimenti e goditi il party finanziario!

3.3 Dal Club alla Piscina: Gli strumenti di investimento più popolari e le loro singolari peculiarità

Eccoci di nuovo qui, a parlare dei fighissimi strumenti di investimento. Non preoccuparti, non parleremo di flauti o chitarre. Stiamo parlando di oggetti molto più affascinanti come azioni, obbligazioni, Titoli di Stato, ETF e tanto altro ancora. Sei pronto a mettere il tuo abito da agente segreto e ad entrare nel mondo dell'investimento? Eccoti un piccolo riepilogo di cosa c'è da sapere.

Azioni

Queste sono come i biglietti d'ingresso per il club più esclusivo della città: la Borsa. Quando compri azioni, in sostanza acquisti un pezzettino di una società. Questo ti dà diritto a una parte degli utili (dividendi) e ti dà la possibilità di vendere le tue azioni a un prezzo più alto in futuro (plusvalenza). Ma attenzione, entrare in questo club non è un gioco. Se la società non va bene o se il mercato è influenzato da eventi negativi, il prezzo delle tue azioni potrebbe scendere. E' come scoprire che il DJ del tuo club preferito ha deciso di passare solo musica country per il resto della notte. Devi sapere quando è il momento di restare e quando è il momento di lasciare la pista da ballo.

Obbligazioni

Queste sono un po' come un amico affidabile che ti promette di restituirti i soldi che gli hai prestato, con un po' di interesse in più. Quando acquisti un'obbligazione, in pratica stai prestando denaro a un'entità come un governo o una società, e in cambio ti promettono di restituirti il tuo denaro più un po' di interessi (la cedola) dopo un certo periodo di tempo. Le obbligazioni sono generalmente considerate più sicure delle azioni, ma non aspettarti di diventare miliardario dall'oggi al domani con queste. Inoltre, in caso di insolvenza dell'emittente, gli investitori in obbligazioni hanno maggiori probabilità di recuperare parte del loro investimento rispetto agli azionisti. E' come avere un piano B quando il tuo piano A (il club) diventa troppo selvaggio.

Ricorda, sia le azioni che le obbligazioni hanno i loro pro e contro, e nessuno strumento di investimento è adatto a tutti. E' come scegliere tra un party in spiaggia e una festa in piscina. Entrambi possono essere divertenti, ma la scelta dipende da ciò che preferisci e da quanto sei disposto a rischiare. Quindi, scegli con saggezza e non dimenticare di divertirti lungo il percorso!

Tuttavia, come in un pranzo di Natale, ogni cosa ha il suo prezzo: il rischio più basso che ti offre un'obbligazione è come l'antipasto a base di sedano - non offre grandi emozioni, ma ti mette al sicuro da conseguenze imprevedibili (leggasi: indigestioni). Questo rischio più contenuto, però, è come un piatto di verdure bollite: potrebbe non far brillare i tuoi occhi come un fumante arrosto, ovvero i rendimenti stellari che potrebbero venire dalle azioni.

Pertanto, amici investitori, come un bravo cuoco, dovreste considerare attentamente la ricetta del vostro successo finanziario, dosando sapientemente gli ingredienti del vostro portafoglio per bilanciare le diverse categorie di investimento. Un po' come scegliere l'abbinamento cibo-vino perfetto: si tratta di capire il vostro gusto personale, la vostra capacità di 'digerire' i rischi e gli obiettivi finanziari che volete raggiungere. Insomma, mettete il grembiule e iniziate a cucinare il vostro successo finanziario!

Titoli di stato

Ora ragazzi, mettiamoci comodi e parliamo di titoli di Stato. Cosa sono? Beh, immaginateli come buoni sconto giganti emessi dai governi di tutto il mondo per finanziare il loro shopping compulsivo (aka attività governative). Sono come i biglietti vincenti di una lotteria: sono relativamente sicuri (a meno che tu non stia comprando titoli di Stato di un paese in crisi), perché, in teoria, lo Stato ha sempre la possibilità di raccogliere più tasse o di azionare la stampante di moneta per ripagarti.

Sono meno suscettibili a trasformarsi in montagne russe rispetto ad azioni o obbligazioni, perché sono meno influenzati dalle fluttuazioni del mercato e dalle variazioni dei tassi di interesse. Il lato negativo? Beh, sono il vegetale bollito del mondo degli investimenti: sicuri, ma non eccitanti. I rendimenti sono generalmente più bassi, ma, hey, sono una buona opzione se stai cercando un reddito stabile e vuoi proteggere il tuo capitale a lungo termine.

Fondi comuni di investimento

Ed ora, il piatto forte della serata: i fondi comuni di investimento. Pensa a questi come a una festa a cui tutti possono partecipare: raccogli il denaro di un sacco di persone e lo butti in un mucchio di titoli diversificati, come azioni, obbligazioni o altri tipi di investimento. Vuoi fare festa ma non hai voglia di organizzarla? Lascia che la società di gestione del risparmio si occupi di tutto!

Il problema? Ebbene, molti di questi festaioli finiscono con un bel postumi, cioè non riescono a battere il mercato. Ciò potrebbe essere dovuto a vari motivi, tra cui la difficoltà di prevedere l'andamento dei mercati finanziari e l'effetto delle commissioni di gestione che potrebbero rosicchiare i tuoi guadagni.

Inoltre, attenzione ai costi nascosti! Oltre alla commissione per il biglietto della festa (la commissione di gestione), potrebbe esserci un costo aggiuntivo per le patatine e il gelato (costi di transazione e spread).

Vogliamo un esempio concreto? Allora, facciamo un piccolo gioco. Immagina di avere un gruzzolo di 10.000 euro e decidi di investirlo in un fondo comune di investimento. Promettono un ritorno annuo del 7% (wow, diresti, sembra una buona festa). Ma aspetta, il fondo ha un piccolo inghippo: ha un costo di gestione annuo, esprimibile come un Total Expense Ratio (TER) del 2%.

Dopo un anno, l'importo che avresti ottenuto dalla tua festa sarebbe:
10.000 € * 7% = 700 €

Ma ahimè, prima di poter godere del tuo rendimento, devi saldare il conto con il buttafuori (i costi di gestione):
Costi di gestione: 10.000 € * 2% = 200 €

Ed ecco cosa ti rimane una volta pagato il buttafuori:
Rendimento netto: 700 € - 200 € = 500 €

Quindi, a fine anno, il tuo investimento vale 10.500 euro, non 10.700 euro. Grazie, buttafuori, hai appena perso 200 euro del tuo potenziale guadagno.

Ora, se pensi che 200 euro siano dolorosi, prova a immaginare il danno nel corso del tempo. L'effetto dei costi di gestione può essere un vero e proprio pugno nello stomaco, riducendo in modo significativo il rendimento complessivo del tuo investimento, specialmente quando si considera l'effetto della capitalizzazione degli interessi. Quindi, quando decidi di unirti alla festa dei fondi comuni di investimento, assicurati di avere ben chiaro il prezzo dell'ingresso e di valutare se la festa ne vale davvero la pena.

ETF
Ah, gli ETF, o Exchange Traded Funds. Questi sono come i cugini trendy dei fondi comuni. Sono sostanzialmente cesti di titoli che vengono scambiati come un'azione in borsa,

replicando l'andamento di un indice o di un paniere di titoli. Se ti stai chiedendo cosa significa, immagina di avere un mini DJ in tasca che suona esattamente la stessa musica di quella grande festa di Wall Street che tutti stanno ballando.

Ma ecco la parte divertente: gli ETF sono come la festa del secolo, con il vantaggio che non devi pagare un prezzo esorbitante per il biglietto. Infatti, hanno costi di gestione generalmente più bassi rispetto ai fondi comuni di investimento. Perché? Beh, perché sono un po' pigri. Non hanno bisogno di gestione attiva del portafoglio, quindi niente DJ costosi, solo un buon vecchio jukebox.

E non finisce qui: gli ETF sono come i reality show dei mercati finanziari. Sono più trasparenti, con i loro portafogli in bella vista per tutti gli investitori. Non devi mai chiederti se il tuo denaro sta andando in titoli scadenti o se è coinvolto in qualche trama sordida. Puoi vedere esattamente in cosa stai investendo.

Ma la caratteristica più fantastica degli ETF? La flessibilità. Puoi ballare con loro tutta la notte e lasciare la festa in qualsiasi momento. Non devi aspettare che la festa sia finita per riscuotere i tuoi guadagni. Gli ETF possono essere acquistati e venduti durante le ore di mercato, fornendo una maggiore liquidità e controllo del tuo investimento.

E non dimenticare la diversificazione. Gli ETF ti offrono l'accesso a una festa enorme e multiculturale, con titoli da vari settori e mercati. Non sei più limitato a un singolo genere di musica, ma hai l'intero festival a disposizione!

In sintesi, gli ETF sono la nuova ondata di cool nel mondo degli investimenti. Con costi di gestione più bassi, maggiore trasparenza, flessibilità e diversificazione, sono una opzione che ogni party animal degli investimenti dovrebbe considerare!

Mercato immobiliare

Investire in immobili. Suona così adulto e sofisticato, vero? Ma lascia che te lo dica in modo franco: non è un gioco da ragazzi! È come acquistare un orso polare. Ti costa un bel po', ha bisogno di molta manutenzione e potrebbe diventare molto difficile da gestire. Inoltre, hai mai provato a vendere un orso polare velocemente? Non è facile, ti assicuro.

D'accordo, forse gli orsi polari non sono la tua passione, ma capisci cosa intendo. L'investimento immobiliare richiede un bel po' di soldi per iniziare, oltre a costi di manutenzione e gestione della proprietà. E poi ci sono i rischi: il mercato immobiliare può essere imprevedibile come un orso affamato, gli affittuari possono essere sfuggenti come pesci sott'acqua, e vendere una proprietà può essere lento come il disgelo dell'Artico.

Ma non lasciarti scoraggiare da tutto questo parlare di orsi polari. Se investi bene e con saggezza, potresti ritrovarti a nuotare in un mare di guadagni! L'affitto può essere una fonte di reddito stabile e sicura, come una pinguina che ti porta i pesci ogni mese. E nel tempo, il valore della tua proprietà può aumentare, così come il valore di un orso polare raro (ok, basta con le metafore sugli orsi polari!).

Come fare per ottenere questi benefici? Beh, devi essere disposto a investire tempo ed energie nella gestione della proprietà. Devi essere pronto a cercare affittuari, a fare manutenzione e a negoziare vendite immobiliari come un vero e proprio magnate dell'immobiliare.

E ricorda, non si tratta solo di avere un bel mucchio di soldi e di comprare il primo edificio che vedi. L'investimento immobiliare richiede competenze e conoscenze specifiche. Devi valutare molti fattori, come la posizione, il tipo di proprietà e le condizioni del mercato. È come essere un esploratore dell'Artico: devi sapere cosa stai cercando e come sopravvivere alle condizioni difficili.

In conclusione, investire in immobili può essere un'avventura emozionante e potenzialmente redditizia. Ma come qualsiasi avventura, è meglio essere ben preparati e consapevoli dei rischi. Non voglio spaventarti, ma ricorda: anche gli orsi polari possono mordere!

Oltre la noia di azioni e Immobili: Il circo delle opportunità finanziarie alternative

E ora, signore e signori, per il nostro grande finale: le **forme** alternative di investimento! Sì, avete capito bene, i soliti vecchi strumenti di investimento - azioni, obbligazioni, immobili - possono essere un po' noiosi, non è vero? Ecco perché abbiamo preparato per voi una serie di opzioni esotiche e audaci. Ma ricordate, non tutte le luci che luccicano sono oro!

Cominciamo con le **materie prime** - oro, argento, petrolio, grano... È come giocare a Monopoli, ma con beni reali! Puoi comprare queste bellezze direttamente o attraverso fondi comuni di investimento specializzati. Ma attenzione, il mercato delle materie prime può essere altrettanto capriccioso di un divo di Hollywood!

Se le materie prime non sono la tua tazza di tè, allora cosa dire delle **opzioni**? Queste bellezze ti danno il diritto, ma non l'obbligo, di comprare o vendere un'attività a un prezzo fisso. È come avere un biglietto di sola andata per il treno del profitto... o per il treno del disastro, a seconda di come giocano le tue carte.

E poi ci sono le **criptovalute**, il selvaggio west del mondo finanziario! Bitcoin, Ethereum, Dogecoin, ci sono così tante da scegliere. Ma ricorda, investire in criptovalute è come giocare alla roulette: può essere emozionante, ma anche molto rischioso.

Ma non disperate, amanti del rischio! Ci sono ancora altre opzioni. Il **crowdfunding immobiliare**, per esempio, ti permette di mettere i tuoi soldi in progetti immobiliari su piattaforme online. È un po' come essere un magnate dell'immobiliare, ma senza il fastidio di dover gestire realmente le proprietà.

Se preferisci un approccio più tranquillo, potresti voler provare i **robo-advisor**. Questi servizi automatizzati sono come avere un consigliere finanziario personale, solo che lavorano 24/7 e non ti chiedono mai di prendere un caffè.

E infine, se ti senti veramente avventuroso, potresti provare a **investire in start-up**. È un po' come comprare un biglietto della lotteria, ma con un po' più di ricerca e un po' più di glamour.

In conclusione, le opzioni di investimento alternative possono sembrare affascinanti e seducenti, ma ricorda: ogni investimento ha i suoi rischi. Quindi, prima di tuffarti, assicurati di fare i tuoi compiti e di capire bene in cosa stai investendo. E non dimenticare: l'avventura è là fuori, ma è meglio affrontarla con prudenza!

Capitolo 4
Bussola per scherzosi tesori
Non restare all'osso, impara a giocare con i soldi!

"La regola numero uno dell'investimento è: non perdere mai i tuoi soldi. La regola numero due è: non dimenticare mai la regola numero uno. La regola numero tre: fai sempre riferimento alle prime due regole."

Scommetto che sei stufo di sentirti dire quanto gli investimenti siano una strada dorata per l'eldorado del benessere finanziario, vero? Ma in mezzo a questo tripudio di 'opportunità imperdibili' si nasconde un piccolo, insignificante dettaglio: devi avere una vaga idea di cosa stai facendo. Giusto un dettaglio, no?

In questo capitolo, ti guideremo attraverso il labirinto di concetti fondamentali di investimento che sembrano scritti in antico sumerico. Stiamo parlando di mostri come tassi di interesse, inflazione, rendimento e rischio. Aggiungiamo anche un pizzico di diversificazione e bilanciamento del portafoglio per condire il tutto.

Non temere, faremo in modo che tutto questo sia digeribile e persino (osiamo dirlo) divertente. Perché capire questi concetti non solo ti aiuta a costruire un portafoglio di investimenti che non esploderà al primo contrattempo, ma ti permette anche di massimizzare i tuoi guadagni e proteggere i tuoi risparmi dalle intemperie finanziarie. Perciò, preparati ad entrare nel cuore della giungla degli investimenti!

4.1 La Montagna russa dei tassi d'interesse: Quando il prezzo del tuo gelato può influire sul tuo patrimonio!

Se pensi che i tassi d'interesse siano noiosi e non abbiano nulla a che vedere con te, ti sbagli di grosso! I tassi d'interesse sono un po' come la salsa piccante che metti sul tuo taco: anche una piccola variazione può cambiare completamente il sapore di tutto il pasto.

In parole semplici, i tassi d'interesse rappresentano il costo del denaro. Quando sono bassi, tutti vogliono prendere in prestito e fare investimenti, come quella nuova Lamborghini che hai sempre desiderato. Quando sono alti, invece, il denaro diventa un bene prezioso e tutti si rintanano nelle loro tane come animali in letargo.

E non pensare che questo riguardi solo le banche e i grandi investitori: anche il tuo modesto portafoglio di investimenti risente delle montagne russe dei tassi d'interesse. Ecco un paio di esempi:

Quando i tassi di interesse aumentano, le obbligazioni che hai nel tuo portafoglio perdono valore. È come se avessi un gelato al cioccolato, ma tutti gli altri stanno vendendo gelati al cioccolato con panna e ciliegie. Chi vorrebbe il tuo vecchio gelato semplice quando può avere qualcosa di più gustoso?

Per le azioni, la storia è un po' più complicata. Un aumento dei tassi di interesse rende più costoso per le aziende finanziare nuovi progetti. Quindi, se hai investito in aziende con grandi piani di espansione, potresti vederti sfuggire la tua Lamborghini da sogno.

Se stai cercando di fuggire dalla montagna russa dei tassi di interesse, potresti pensare di rifugiarti in investimenti alternativi come immobili, materie prime o criptovalute. Ma attenzione: questi possono avere dinamiche diverse e presentare altri tipi di rischi (e non parliamo solo dei bit della criptovaluta che si perdono nei meandri del tuo computer).

In sostanza, il modo migliore per gestire le fluttuazioni dei tassi di interesse è quello di avere un portafoglio diversificato, un po' come un buffet a volontà. Tuttavia, ricorda sempre di controllare regolarmente le condizioni economiche e di aggiustare il tuo cappello da investitore quando necessario. E soprattutto, non dimenticare di divertirti un po' lungo il cammino!

Cambiamenti nella danza degli investimenti: Sopravvivere all'apocalisse dei tassi di interesse

Pensa alla tua strategia di investimento come a una festa danzante. Quando la musica (leggi: tassi di interesse) cambia, devi cambiare il tuo ritmo di danza. Quando i tassi di interesse salgono, potresti voler rallentare un po' e optare per un valzer di investimenti a reddito fisso con rendimenti più elevati, invece di lanciarti in un frenetico twist azionario.

Pensaci: se il costo del prestito aumenta, i nuovi progetti diventano meno allettanti, come un piatto di fagioli senza salsiccia. Di conseguenza, il valore delle azioni potrebbe scendere più velocemente di un calzino solitario in una lavatrice.

Come fai a sopravvivere a questa apocalisse dei tassi di interesse? Tre parole: Diversificazione, Monitoraggio, Adattamento. Sì, sembra il titolo di un film d'azione di Hollywood, ma è il modo migliore per gestire l'impatto delle variazioni dei tassi di interesse sul valore del tuo portafoglio di investimenti.

Diversificare significa avere un assortimento di asset nel tuo portafoglio, un po' come un tavolo di antipasti. **Monitorare** significa tenere d'occhio le condizioni economiche e finanziarie come un falco. E **adattare** significa cambiare la tua strategia di investimento per stare al passo con l'evoluzione del contesto dei tassi di interesse. Come un camaleonte finanziario, dovrai cambiare colore in base al paesaggio intorno a te.

In conclusione, ricorda che cambiare la strategia di investimento non significa che stai perdendo, ma che stai giocando in maniera più intelligente. E, come dicono nel mondo degli investimenti: non si tratta solo di lavorare sodo, ma di lavorare in modo intelligente!

4.2 Inflazione: L'invisibile mangia-risparmi

Immagina di invitare un ospite invisibile alla tua festa di investimenti. Questo ospite, chiamiamolo Inflazione, adora festeggiare con il tuo patrimonio, rosicchiando lentamente i tuoi risparmi con il suo appetito vorace.

L'inflazione è quella sgradita zanzara che ronza nell'orecchio dell'economia, causando un aumento generale e persistente dei prezzi dei beni e servizi. È come quel fastidioso zio che ogni Natale ti racconta di quando una brioche costava meno di un euro. Beh, quella è l'inflazione.

Ma come può l'inflazione influenzare i tuoi investimenti? Semplice. Se hai investito in titoli a reddito fisso, come le obbligazioni, l'inflazione può essere come un topo che rode il tuo formaggio: erode il valore reale del tuo ritorno. Perché? Perché mentre i prezzi salgono, il potere d'acquisto del tuo ritorno fisso rimane invariato. È come correre su un tapis roulant: ti stai muovendo, ma non stai andando da nessuna parte.

E le azioni? Ecco dove l'inflazione diventa davvero birichina. Se un'azienda può trasferire l'aumento dei costi ai consumatori aumentando i prezzi (un po' come aumentare il prezzo del gelato durante una calda giornata d'estate), il valore delle azioni potrebbe rimanere stabile. Ma se l'inflazione diventa troppo elevata, la domanda di beni e servizi potrebbe diminuire, e i profitti dell'azienda potrebbero iniziare a sembrare un desertico paesaggio lunare.

E per aggiungere un pizzico di sale sulle ferite, in tempi di alta inflazione, le banche centrali potrebbero decidere di aumentare i tassi di interesse per controllare il mostro dell'inflazione. Questo rende gli investimenti a reddito fisso più attraenti rispetto alle azioni, proprio quando stavi iniziando a divertirti con il mercato azionario.

In poche parole, l'inflazione è quel birichino invisibile che può scombussolare la tua festa di investimenti. Ma ricorda, non è il momento di abbassare le braccia. Con una buona strategia e una visione lungimirante, puoi ancora ballare al ritmo dei tuoi investimenti!

Esempio: L'inflazione e l'obbligazione dell'investitore disperato

Ora, mettiamoci nei panni di un investitore, chiamiamolo Carlo, che si sveglia un giorno e decide di acquistare un'obbligazione con un rendimento nominale del 5% e una scadenza di 10 anni. Bravo Carlo, sembra un piano solido! Ma aspetta un attimo... ipotizziamo che il tasso di inflazione annuale sia del 3%.

E qui entra in gioco il calcolo del rendimento reale, il ritorno sul tuo investimento che tiene conto dell'inflazione. È come scoprire che la tua torta al cioccolato ha in realtà una fetta di cavolfiore nascosta al centro.

Usiamo la formula (un po' approssimativa, ma utile) del rendimento reale:

Rendimento reale = Rendimento nominale - Tasso di inflazione

Nel caso del nostro eroico Carlo:

Rendimento reale = 5% - 3% = 2%

Cosa significa? Significa che il ritorno effettivo del povero Carlo sul suo investimento, una volta tenuto conto dell'inflazione, è del solo 2% all'anno. Carlo, forse avresti dovuto comprare quel gelato al pistacchio invece dell'obbligazione.

Ora, supponiamo che Carlo abbia investito €10.000 in quell'obbligazione. Dopo un anno, il valore nominale dell'investimento sarebbe di €10.500. Ma l'inflazione, quella subdola ladra, ha eroso il potere d'acquisto del denaro di Carlo.

Il valore reale dell'investimento di Carlo? Dobbiamo fare un po' di matematica:

Valore reale = Valore nominale / $(1 + \text{Tasso di inflazione})^n$

Nel caso di Carlo:

Valore reale = €10.500 / $(1 + 0{,}03)^1 \approx$ €10.194,17

Risultato: l'aumento reale del valore dell'investimento di Carlo, dopo aver preso una mazzata dall'inflazione, è di appena €194,17. Povero Carlo, magari quella macchina del caffè sarebbe stata un investimento migliore!

Ma non disperare! Anche se l'inflazione può essere un pestifero demone che sottrae valore ai tuoi investimenti, è importante tenere conto di essa per fare scelte d'investimento lungimiranti. Quindi, attenzione all'inflazione e adatta le tue strategie di investimento per proteggere il tuo patrimonio e preservare il potere d'acquisto nel lungo termine. Buona fortuna, Carlo!

4.3 La danza del rischio e del rendimento negli investimenti

Mettetevi comodi, ragazzi, perché stiamo per ballare il valzer del rischio e del rendimento. In questo ballo finanziario, il rischio è il ritmo, il rendimento è la melodia, e voi siete i ballerini. Ma non preoccupatevi, non è necessario essere Fred Astaire o Ginger Rogers per tenere il passo. Basta avere le idee chiare su come muovere i piedi.

Il rischio è quel battito di tamburo che vi fa saltare: può rendere la danza eccitante, ma anche un po' spaventosa. È la possibilità che le vostre mosse non portino al risultato sperato. Il rendimento, invece, è la dolce melodia che vi attira, il guadagno che potreste ottenere dal vostro audace passo di danza.

Nella danza degli investimenti, rischio e rendimento vanno a braccetto, proprio come una coppia sul parquet. Se volete un ritmo più lento e una melodia più tranquilla, potreste optare per un ballo di corte (Titoli di Stato) - poco rischio, ma anche meno rendimento. Ma se vi sentite pronti per un tango argentino (Obbligazioni Aziendali) - un po' più di rischio, ma con la possibilità di un ritmo più vibrante e una melodia più seducente.

E se siete dei veri danzatori da salone, pronti a scatenarvi con un frenetico jive (Azioni), sappiate che il ritmo sarà incalzante e la melodia potrebbe portarvi nelle vette del successo... o in un tumultuoso finale.

Infine, per gli amanti del liscio, c'è sempre la polka degli investimenti immobiliari. Un ritmo costante, una melodia familiare, ma non esente da qualche passo falso se non si è attenti.

Ricordate, il segreto è nella diversificazione: imparare a ballare stili diversi vi permetterà di godervi la festa senza stancarvi troppo. E ricordate, nel mondo degli investimenti, non è necessario essere i migliori ballerini. L'importante è saper restare in pista il più a lungo possibile!

E allora via, tuffiamoci in alcuni esempi succosi che ci fanno capire come funziona questa storia di rischio e rendimento negli investimenti:

-<u>Titoli di Stato</u>: sono il valzer del mondo degli investimenti. Quando ballate il valzer, non ci sono molti colpi di scena. È un ballo sicuro e prevedibile, proprio come i Buoni del Tesoro o i BTP. Potrebbe non farvi battere forte il cuore, ma vi porterà a casa sani e salvi.

-<u>Obbligazioni aziendali</u>: Ecco dove inizia la salsa! Le obbligazioni emesse da aziende sono un po' più speziate. Alcune di queste, le "obbligazioni investment grade", sono come una salsa ben condita ma non troppo piccante - offrono un ritmo più vivace rispetto al valzer, ma con un rischio relativamente basso. D'altra parte, le "obbligazioni high yield" o "junk bonds" sono la salsa extra piccante - offrono un ritmo ancora più vivace, ma attenti a non bruciarvi!

-<u>Azioni</u>: Ora stiamo parlando di rock and roll, amici miei! L'investimento in azioni può farvi sentire come Elvis sul palco: grandi movimenti, alta energia, e un potenziale di rendimento enorme. Ma attenzione, proprio come il re del rock and roll, anche voi potreste finire a strimpellare una chitarra rotta se la società quotata in cui avete investito non avrà il successo sperato.

-<u>Immobili</u>: Gli investimenti immobiliari sono come il tango. Un investimento in un'area in rapida crescita è come un tango appassionato e ardente - alto rendimento, ma anche alto rischio. Ma se preferite un tango più lento e controllato, un investimento in un'area stabile e consolidata potrebbe essere la scelta giusta per voi.

* * * *

Questi esempi mostrano come ogni investitore deve essere un abile DJ, saper scegliere la giusta melodia per il momento giusto, equilibrando il ritmo (rischio) e la melodia (rendimento). Speriamo che queste melodie vi aiutino a creare la vostra personale playlist di investimenti, e ricordate, il segreto è nella diversificazione: più dischi avete, meglio è!

4.4 Domare il rischio

Allora, parliamo della gestione del rischio, che è un po' come il domatore di leoni nell'arena degli investimenti. Questa pratica è come il tuo casco protettivo, il tuo airbag finanziario, se vuoi, ed è tutto incentrato su come identificare, valutare e mitigare i vari lupi cattivi - leggi rischi - che potrebbero rovinare la tua fiesta finanziaria. Il rischio ha più maschere di un ladro di banca: rischio di mercato, rischio di credito, rischio di liquidità, rischio operativo, solo per citarne alcuni. Può provenire da una miriade di sorgenti, come i montagne russe dei prezzi delle attività, le mutevoli maree dei tassi di interesse, l'insolvenza degli emittenti di titoli, o anche un capriccio del destino geopolitico. Quindi, è un po' come una partita di whack-a-mole su steroidi. E se vuoi preservare il tuo capitale, costruire un flusso di rendimenti durevoli, e mantenere il tuo equilibrio sulla corda tesa tra rischio e rendimento, allora amico mio, gestire il rischio è il tuo gioco.

Il primo trucco nel manuale del gestore del rischio è la **diversificazione**, o come mi piace chiamarlo, non mettere tutte le tue uova finanziarie nello stesso paniere. Si tratta di spargere i tuoi investimenti come semi in un campo, tra diverse attività, settori, mercati e regioni geografiche. La diversificazione è il tuo scudo contro gli eventi negativi che potrebbero prendere di mira specifiche attività o settori, e può aiutare a limitare le perdite potenziali. Ad esempio, un portafoglio di investimenti diversificato potrebbe essere un mix colorato di azioni di diverse aziende, obbligazioni governative e aziendali, immobili, materie prime e valute, insieme ad investimenti in mercati sviluppati e in via di sviluppo.

Un altro colpo magico nel tuo arsenale di gestione del rischio è **l'allocazione delle attività**. Pensala come la tua ricetta personale per il successo degli investimenti, che ti dice quanto capitale mettere in diverse classi di attività, in base al tuo gusto per il rischio, ai tuoi obiettivi di investimento e al tempo che hai a disposizione. L'allocazione delle attività è come il tuo cuoco personale che bilancia i sapori del rischio e del rendimento, dato che le diverse classi di attività tendono a reagire in modo diverso alle condizioni di mercato e agli eventi economici. Ad esempio, un investitore a cui non piace molto il rischio potrebbe preferire un mix più pesante di obbligazioni e altre attività a reddito fisso, un po' come preferire la vaniglia al cioccolato. D'altra parte, un investitore più avventuroso potrebbe cercare un colpo di adrenalina con una maggiore esposizione alle azioni e ad altre attività più audaci.

Entrare nel mondo della gestione del rischio è un po' come diventare un funambolo finanziario, bilanciando con maestria il tuo potenziale di rendimento e i tuoi pericoli di rischio sul filo dell'investimento. Ogni movimento che fai, ogni attività che scegli, ha una sorta di "prezzo d'ingresso" nel tuo circo finanziario. Quindi, la chiave è cercare le gemme che ti offrono la migliore performance per il tuo soldo, cioè quelle con il miglior equilibrio tra rischio e rendimento. Come si fa? Beh, ci vuole un po' di lavoro da detective finanziario, esaminando le performance passate, proiettando le prospettive future e tenendo d'occhio i vari truffatori e truffe di rischio che potrebbero essere nascosti sotto il tappeto.

Ma aspetta, non è tutto! La gestione del rischio non è un "imposta e dimentica" tipo di affare. È un lavoro costante di giocoleria, bilanciamento e, a volte, rapidi cambiamenti di direzione per mantenere il tuo portafoglio in equilibrio con i tuoi obiettivi e la tua tolleranza al rischio. È come tenere un piatto che gira su un bastoncino mentre corri su un filo sospeso, devi continuare a monitorare, regolare e, se necessario, ricalibrare la tua strategia per rimanere in piedi.

Per aiutarti in questo, ci sono un paio di trucchi nel sacco da funambolo finanziario. Un trucco è l'ordine **stop-loss**, un modo per dire "Basta!" a perdite potenziali fissando un limite inferiore al prezzo di vendita. È un po' come avere un paracadute finanziario automatico nel caso in cui le cose si mettano male. Anche l'ordine **take-profit** è un altro asso nella manica, permettendoti di fissare un livello di prezzo al quale incassare i tuoi profitti e scappare con il malloppo in modo automatico prima che il mercato si capovolga.

Altri strumenti per difendersi dai rischi sono i **derivati**, come le opzioni e i contratti a termine. Questi possono agire come una sorta di assicurazione sulle tue posizioni esistenti, dando una sorta di polizza assicurativa contro eventuali cadute o urti nel mercato. Ad esempio, se hai un grande gruzzolo di azioni, potresti comprare un'opzione put come una rete di sicurezza, che ti permette di limitare le tue perdite potenziali senza dover svendere le tue azioni.

In sostanza, la gestione del rischio è il tuo passe-partout per navigare nel turbinio degli investimenti, proteggendo il tuo capitale, generando rendimenti e aiutandoti a raggiungere i tuoi obiettivi finanziari. Che si tratti di diversificazione, allocazione delle attività, valutazione del rischio/rendimento o un costante monitoraggio e aggiustamento della tua strategia, sono tutti pezzi del puzzle per tenerti sul filo e fuori dal burrone finanziario. Non è un compito facile, no. È un po' come tentare di ammaestrare un leone finanziario mentre si cammina su un filo sospeso. Ma non preoccuparti, con la giusta combinazione di strumenti, strategie e un po' di coraggio, puoi gestire il rischio e cavalcare l'onda del rendimento verso la prosperità finanziaria.

Alla fine della giornata, ricorda: la gestione del rischio non è solo uno strumento di prevenzione per evitare il disastro, ma un potente mezzo per massimizzare i tuoi rendimenti. È come un spettacolo di circo finanziario, con te come funambolo principale, saltando tra rischi, rendimenti e occasionali sorprese. Ma con il giusto allenamento e attenzione, puoi trasformare questo percorso da incubo a sfida e, infine, in una ricompensa finanziaria. Così, onora il tuo cappello da funambolo finanziario, fai il tuo ingresso in pista e comincia la tua danza con il rischio e il rendimento!

Capitolo 5
La magia delle strategie di investimento

"Gli investimenti sono come le patatine fritte. Non puoi accontentarti solo di uno, anche se forse dovresti."

Benvenuti alla festa della finanziaria! Ovviamente, non sei qui solo per i fuochi d'artificio finanziari e le bevande del portafoglio. No, sei qui per il vero spettacolo: le strategie di investimento. Sono i trucchi del mestiere che ti faranno danzare attraverso le mine del mercato come un vero Fred Astaire della finanza!

In questo capitolo, ci addentreremo nelle oscure, misteriose (e talvolta spaventose) foreste delle strategie di investimento. Queste possono sembrare una selva oscura all'inizio, ma non preoccuparti, ti guideremo attraverso il labirinto dei rendimenti e ti insegneremo come usare la mappa del tesoro dell'investitore.

Analizzeremo la diversità di strategie, esplorando i vantaggi e svantaggi di ciascuna, come se stessimo esaminando varie specie di creature finanziarie. Alcune di queste possono sembrare mostri terrificanti, come le azioni ad alto rischio, mentre altre possono sembrare creature docili e amichevoli, come i titoli di stato. Ma ognuna ha il suo ruolo da giocare nel tuo ecosistema finanziario.

Ci addentreremo poi nel mondo misterioso degli investimenti attivi e passivi, come due squadre di calcio finanziario che giocano per la tua prosperità. Vedremo come possono aiutarti a fare gol e come possono portarti fuori dal campo.

Ti insegneremo poi l'arte dell'allocazione degli asset, che è un po' come dipingere un quadro con diversi colori di investimenti. E, naturalmente, parleremo del cost averaging, il tuo eroe in armatura lucente nel campo di battaglia finanziario, pronto a salvarti quando i prezzi delle azioni iniziano a comportarsi come cavalli selvaggi.

Alla fine di questo viaggio, sarai equipaggiato con una cassetta degli attrezzi piena di strategie di investimento per affrontare il mercato con sicurezza. E, come un vero esploratore finanziario, sarai pronto a cavalcare l'elefante del rischio, a domare il leone del rendimento e a scalare la montagna della prosperità finanziaria. Preparati per un'avventura indimenticabile!

5.1 L'Epica Odissea del lungo termine

Quindi, parliamo di investire per il lungo termine. Questo non è un misero sprint di 100 metri; no, questo è una maratona finanziaria. E la cosa buona di questo tipo di corsa è che il viaggio è altrettanto importante quanto l'arrivo!

Vedi, gli investimenti a **lungo termine** sono un po' come l'indovino di una storia fantasy: pieno di saggezza, prevede il futuro e, con il passare del tempo, diventa sempre più potente. Questo è l'effetto composto in azione. Si tratta di accumulare interessi sui guadagni reinvestiti nel tempo, una sorta di magia finanziaria che può trasformare il tuo portafoglio in un vero e proprio incantesimo di crescita!

Poi c'è la resilienza del lungo termine. È un po' come un eroe di un film d'azione: può prendere un colpo, cadere, ma si alza sempre. Puoi recuperare da eventuali perdite temporanee e capitalizzare sulle tendenze di crescita a lungo termine.

Ma guardiamo l'altra faccia della medaglia: gli investimenti a **breve termine**. Questi sono come andare su una montagna russa ad occhi chiusi, senza sapere quando arriveranno i sobbalzi o le discese improvvise. Sì, potrebbe essere un brivido, ma è anche estremamente rischioso e ti può fare perdere il pranzo (o in questo caso, il tuo denaro).

Molti studi fanno la figura del poliziotto cattivo a questo proposito. Mostrano che il 90% degli investitori che provano a fare trading a breve termine perde denaro. Non so tu, ma a me non piacciono queste probabilità. Al contrario, gli investitori a lungo termine sembrano essere i vincitori della partita, beneficiando di una minore esposizione alla volatilità del mercato e cavalcano le onde di crescita nel lungo periodo.

Per riassumere, gli investimenti a lungo termine sono come un ristorante stellato Michelin: stabile, meno rischioso, e con l'effetto composto, ottieni una sorta di dessert extra. Gli investimenti a breve termine, d'altra parte, sono come un fast food alla moda: potrebbe sembrare un'idea divertente, ma a lungo andare può rovinarti lo stomaco (e il portafoglio). Quindi, mettiti comodo, fai la scelta giusta, e avvia la tua maratona finanziaria a lungo termine.

5.2 Diversificazione: Non mettere tutte le uova in un solo cestino finanziario

Parliamo di diversificazione. No, non sto parlando di aggiungere più colori al tuo guardaroba o di provare tutti i gusti di gelato alla gelateria. Sto parlando di diversificazione negli investimenti, e questo è molto più delizioso!

La diversificazione è come andare a un buffet all-you-can-eat: non vuoi riempirti solo di patatine fritte, giusto? Potresti avere voglia di un po' di insalata (anche se solo per far sembrare equilibrato il tuo piatto), un po' di pollo, forse un po' di sushi. La stessa logica si applica ai tuoi investimenti. Non vuoi mettere tutti i tuoi soldi in un solo tipo di investimento, vuoi mescolare un po' le cose.

Perché, chiedi? Beh, è un po' come l'assicurazione per la tua auto. Investire tutto in un solo settore è come guidare senza cintura di sicurezza. Se tutto va bene, grande! Ma se qualcosa va storto (e fidati di me, nel mondo degli investimenti le cose possono andare storte), potresti ritrovarti a cercare di rimettere insieme i pezzi del tuo portafoglio... e nessuno vuole questo.

Un investitore sagace si sparge intorno. Investe in una varietà di asset e settori, si assicura di avere le mani in più cesti di guadagni. Ecco perché non investiresti solo in azioni tecnologiche, ma anche in obbligazioni, immobili, e forse un po' di materie prime per buona misura.

Non solo la diversificazione riduce il rischio, ma può anche aiutarti a migliorare il tuo rapporto rischio-rendimento. È un po' come un allenamento bilanciato in palestra: un mix di cardio, forza e flessibilità ti dà un corpo più sano e resistente. Così la diversificazione ti dà un portafoglio più sano e resistente.

Quindi la prossima volta che pensi ai tuoi investimenti, ricorda il buffet. Non riempirti solo di patatine fritte (per quanto deliziose possano essere). Prova anche l'insalata, il pollo e il sushi. Il tuo portafoglio ti ringrazierà!

Il non diversificare: Come saltare senza paracadute
Non diversificare il tuo portafoglio è come saltare da un aereo senza paracadute. Sì, potrebbe essere un brivido, ma è anche incredibilmente rischioso e potrebbe terminare molto, molto male.

Un portafoglio non diversificato è un po' come mettere tutte le tue uova in un solo cestino, poi affidare quel cestino a un gatto iperattivo. Se qualcosa va storto (e con un gatto iperattivo, qualcosa andrà sicuramente storto), ti ritroverai con un mucchio di uova rotte e un bel po' di pulizia da fare.

Questo è quello che accade quando i tuoi investimenti sono tutti in un solo settore o tipo di asset. Se quel settore soffre o se quel tipo di asset subisce un brutto colpo, tutto il tuo portafoglio soffre. Non c'è niente che possa bilanciare quelle perdite e nulla che possa proteggerti da un crollo del mercato o da una crisi finanziaria.

Inoltre, un portafoglio non diversificato può farti perdere grandi opportunità di crescita. E' come se stessi indossando occhiali con paraocchi che ti impediscono di vedere tutto ciò che c'è intorno. Non puoi cogliere le opportunità offerte da altri settori o asset, perché semplicemente non li stai vedendo.

Quindi, come puoi diversificare il tuo portafoglio e mettere il paracadute prima di saltare dall'aereo? Puoi iniziare distribuendo i tuoi investimenti in diverse classi di asset, settori e regioni geografiche. Puoi fare questo attraverso l'acquisto diretto di titoli, l'utilizzo di fondi comuni di investimento o ETF, o l'adozione di strategie di asset allocation.

Ma la diversificazione non è una cosa che fai una volta e poi dimentichi. È un processo continuo. Dovresti monitorare regolarmente il tuo portafoglio e riequilibrarlo se necessario, per assicurarti che rimanga diversificato e allineato con i tuoi obiettivi e la tua tolleranza al rischio.

In sintesi, la diversificazione non è solo un buon consiglio da vecchia scuola per la gestione del rischio. È il tuo paracadute finanziario. Ignorare la diversificazione è come saltare senza paracadute, ed è un rischio che nessun investitore dovrebbe essere disposto a correre.

5.3 L'allocazione degli asset: Come fare un cocktail finanziario

Immagina di essere un barista, ma invece di preparare cocktail, stai mescolando diversi tipi di investimenti. L'allocazione degli asset è proprio come fare un cocktail finanziario. Ogni ingrediente - o asset - ha un sapore unico e un ruolo da svolgere per creare la miscela perfetta.

Le tue azioni sono il rum della tua bevanda - forti, potenti e capaci di farti ballare tutta la notte o lasciarti con un grosso mal di testa la mattina dopo. Le obbligazioni, d'altro canto, sono il tuo succo d'arancia - più dolci, più stabili e un modo sicuro per calmare l'intensità del rum. Gli immobili sono il tuo ghiaccio - tengono la bevanda fresca e stabile, ma attenzione a non metterne troppo o la tua bevanda diventerà insipida. Infine, le materie prime e la liquidità sono il tuo ombrellino e la tua fetta di limone - non ne hai bisogno in grandi quantità, ma aggiungono quel tocco in più.

Così come un barista considera il gusto del cliente, l'orario della giornata e l'occasione, quando prepara un cocktail, un investitore dovrebbe considerare i propri obiettivi finanziari, l'orizzonte temporale e la tolleranza al rischio quando decide come allocare i propri asset. Ad esempio, se stai risparmiando per la pensione e hai ancora 20 anni di tempo, potrebbe essere il momento per un "Long Island Iced Tea" finanziario - un mix audace con una forte dose di azioni. Ma se stai avvicinandoti alla pensione, potrebbe essere il momento per un "Mimosa" finanziario - un mix più dolce e stabile con una dose maggiore di obbligazioni.

Ma ricorda, anche il miglior cocktail può diventare stantio se non viene aggiustato di tanto in tanto. Quindi, dovrai riequilibrare il tuo "cocktail di investimenti" periodicamente per tener conto delle mutevoli condizioni di mercato, delle tue preferenze di rischio e dei tuoi obiettivi finanziari. Questo processo di aggiustamento, noto come "glide path", è un po' come fare un controllo di qualità del tuo cocktail, assicurandoti che sia sempre al punto giusto.

Inoltre, così come non vorresti un cocktail fatto solo con rum di una singola marca, non vorresti un portafoglio fatto solo con azioni di una singola società. Quindi, dovresti cercare di diversificare all'interno di ciascuna classe di attività. Ad esempio, per quanto riguarda le azioni, potresti voler distribuire i tuoi investimenti tra società di diverse dimensioni, settori e regioni geografiche.

In sintesi, l'allocazione degli asset è l'arte di fare un cocktail finanziario. Come barista del tuo portafoglio, devi bilanciare i gusti forti con quelli dolci, mantenere tutto fresco e aggiungere quel tocco in più per creare la miscela perfetta. E, proprio come un buon barista, dovrai essere pronto ad aggiustare il tuo cocktail in base alle preferenze dei tuoi clienti e alle mutevoli tendenze dei cocktail.

Ma non dimenticare che, come ogni buon cocktail, l'importante non è solo la ricetta, ma anche come lo si beve. Alcuni preferiscono bere tutto in un sorso, altri preferiscono assaporarlo lentamente. Allo stesso modo, alcune persone potrebbero preferire un approccio di investimento più attivo, cercando di superare il mercato, mentre altre potrebbero preferire un approccio di investimento più passivo, cercando di corrispondere al rendimento del mercato.

Quindi, amico mio, rimboccati le maniche, afferra il tuo shaker finanziario e inizia a mescolare. Ricorda, non importa se stai preparando un "Mimosa" finanziario o un "Long Island Iced Tea" finanziario, l'importante è che tu ami il gusto del tuo cocktail di investimenti.

Infine, anche se non è richiesto, un po' di musica Jazz in sottofondo potrebbe aiutare a rendere l'intera esperienza di investimento un po' più piacevole. Ma ricorda, quando la musica si ferma, assicurati che il tuo cocktail finanziario sia ancora quello che ti aspettavi. Buon investimento, o come preferisco dire, "Cheers to your financial health"!

5.4 Investimento attivo vs investimento passivo: la battaglia dei titani

L'investimento attivo e l'investimento passivo: due bestie completamente diverse che vagano nella giungla della gestione del portafoglio, ognuna con la propria struttura unica di pregi e difetti. Ti prepariamo al gran match, analizzando ogni colpo basso e ogni volo spettacolare di questi due giganti dell'investimento.

Investimento attivo

o, come mi piace chiamarlo, il "rock and roll degli investimenti". E' il genere musicale degli audaci, dei ribelli, di coloro che non temono di stare al centro del palco con una chitarra elettrica per strappare qualche accordo. L'investimento attivo è l'arena dei gestori di fondi che non si accontentano del semplice "andare con il flusso", ma vogliono essere i protagonisti della propria storia finanziaria.

Vantaggi dell'investimento attivo? Beh, pensate a quei virtuosi della chitarra rock che riescono a tirar fuori da uno strumento melodie che nessun altro riuscirebbe a creare. Quando un investitore attivo sale sul palco, può regalarci un concerto che non dimenticheremo mai, con ritorni finanziari che suonano come una hit di Led Zeppelin o di Jimi Hendrix.

La flessibilità? È come avere un amplificatore Marshall che ti permette di regolare ogni dettaglio del suono. Il gestore attivo non è legato a un singolo genere musicale, ma può saltare dal rock al blues, dal jazz al country, adattando il suo repertorio in base alla platea del mercato.

Infine, il controllo del rischio è come avere un roadie di fiducia che controlla l'attrezzatura prima del concerto. Non vorresti mai che un guasto tecnico rovinasse l'esibizione, vero? Ecco, un bravo gestore attivo tiene sempre d'occhio i rischi, pronto a modificare l'impostazione del suo "amplificatore finanziario" per garantire la migliore performance possibile.

Svantaggi dell'investimento attivo

Ma attenzione, l'investimento attivo non è per tutti. È come decidere di formare una band: richiede competenza, tempo e una certa dose di coraggio. E, proprio come nel mondo della musica, non tutti gli album vanno platino. Ci sono dei costi da affrontare e non è detto che i risultati siano sempre all'altezza delle aspettative. Quindi, prima di salire sul palco, assicurati di aver fatto la tua "prova suono" finanziaria!

L'investimento attivo ti sgrana le tasche con costi di gestione e transazione più elevati. Come un rockstar che vuole il meglio del meglio, richiede analisi, ricerca e monitoraggio dei titoli, quindi preparati a pagare il biglietto per il suo concerto!

Rischio di 'oops!': Anche se il gestore del fondo potrebbe sembrare il Jimi Hendrix delle finanze, alla fine è umano. Quindi, le sue decisioni di investimento possono cadere preda di quegli errori che ci rendono umani - come lasciarsi influenzare dalle emozioni o da un momento 'D'oh!'. Alla fine della giornata, anche le rockstar sbagliano le note.

Investimento passivo

Nella terra della finanza, l'investimento passivo è quel tipo relax che preferisce prendere il sole sulla spiaggia piuttosto che cercare la prossima grande onda. Cerca di emulare il rendimento di un indice di mercato o di un benchmark di riferimento, senza la pretesa di far meglio. Pensalo come un clone musicale, che suona esattamente le stesse note dell'originale. Il suo repertorio potrebbe includere grandi successi come l'S&P 500 o il FTSE 100, utilizzando strumenti di cover band finanziaria come i fondi indicizzati o gli ETF (Exchange-Traded Funds).

Per l'investimento passivo, la vita è una spiaggia e i mercati sono il sole: generalmente prevedibili e affidabili. Questo affascinante fatalista crede che, a lungo termine, le stelle del rock dell'investimento attivo non siano in grado di mantenere il ritmo, soprattutto quando devono pagare per il loro entourage di costi di gestione e transazione.

Vantaggi dell'investimento passivo

-Prezzi scontati: Come una festa a buffet, l'investimento passivo ti dà un assaggio di tutto senza esaurire il portafoglio. Con il suo approccio minimalista alla gestione, puoi dire addio all'analisi intensiva dei titoli e goderti costi di gestione e transazione più bassi. Nel lungo termine, il tuo rendimento netto ti ringrazierà.

-Addio ai capricci umani: L'investimento passivo è come un robot della finanza - non conosce paura, non conosce avidità. Elimina il rischio di errori umani perché non dipende dal temperamento del gestore del fondo per selezionare i titoli. Il portafoglio viene costruito per replicare un indice, rendendo le decisioni di investimento immune da umori altalenanti o calcoli errati.

-Un biglietto per la diversità: I fondi passivi sono il tuo passaporto per un viaggio attorno al mondo delle finanze. Investono in un'ampia gamma di titoli che compongono un indice, offrendoti una diversificazione immediata. Risultato? Un rischio specifico ridotto e la possibilità di dormire sonni tranquilli sapendo che i tuoi investimenti si muovono come un branco, piuttosto che come un lupo solitario.

Svantaggi dell'investimento passivo
Il traguardo è solo la media: Come il diligente studente che studia solo per ottenere una sufficienza, l'investimento passivo punta solo a replicare l'indice di riferimento. Di conseguenza, non aspettarti di ballare con i rendimenti stellari: il tuo portafoglio passivo farà solo la media, niente più.

Come un passeggero sul sedile posteriore: Se ti piace avere le mani sul volante, potresti non apprezzare il viaggio con l'investimento passivo. Poiché il tuo portafoglio è costruito per replicare un indice, hai meno controllo sulla selezione dei titoli e sulla gestione del rischio. In sostanza, sei seduto sul sedile posteriore mentre il mercato guida. È comodo, certo, ma non ci si può aspettare di poter fare una virata improvvisa quando la strada si fa tortuosa.

Esempi:

E allora, signori e signore, mettiamoci comodi e vi presento un esempio della grande battaglia tra investimento attivo e passivo.

Nell'angolo rosso, abbiamo l'investimento attivo, un fondo comune che è come un pugile pronto a saltare nell'arena e a lottare per ogni singolo punto percentuale di rendimento. Il nostro coraggioso combattente si concentra su azioni di aziende in crescita, cercando di superare il brutale avversario chiamato indice di riferimento. Il gestore del fondo, simile a un allenatore, analizza i dati finanziari e le prospettive di crescita delle società, cercando di individuare quelle pronte a tirare un diretto di destra al mercato.

Nell'angolo blu, abbiamo l'investimento passivo. Questo è il tipo che entra in arena, si siede, si mette gli occhiali da sole e dice: "Mi limiterò a replicare l'S&P 500, grazie". Sì, amici, il nostro pacifista fondo indicizzato o ETF investe in tutte le 500 aziende che compongono l'indice, puntando a replicare il rendimento complessivo dell'indice nel tempo. Non c'è lotta, niente sudore. Solo una partita di scacchi rilassata con il mercato.

E qui, miei cari, è dove le cose si fanno interessanti. L'investimento attivo e passivo sono due facce della stessa medaglia. Mentre il primo ti offre la possibilità di ottenere rendimenti superiori al mercato grazie alle competenze del gestore del fondo, il secondo ti dà costi di gestione più bassi e ti risparmia le rughe causate dall'errore umano.

Ma perché scegliere un lato quando puoi avere entrambi? Per molti investitori, la soluzione ideale potrebbe essere una dolce miscela di strategie di investimento attive e passive. Utilizza l'investimento passivo come base di diversificazione, come un vecchio paio di jeans confortevoli, e poi pizzica un po' di investimento attivo per cercare opportunità di rendimento aggiuntive, come quell'accessorio grintoso che dà brio al tuo outfit.

Infine, ricorda: la scelta tra investimento attivo e passivo non è un matrimonio. Puoi flirtare con entrambi, valutando periodicamente le tue strategie di investimento e adattandole al mercato mutevole e alle tue esigenze finanziarie. Ma, indipendentemente dal tuo partner di danza, mantieni sempre una prospettiva a lungo termine e una costante disciplina di investimento. Così farai ballare i tuoi soldi nel modo giusto!

5.5 Strategia di investimento cost averaging

Allora, è ora di parlare di quella che potrebbe essere la strategia di investimento più amata da tutti i procrastinatori e i negatori della palla di cristallo: il cost averaging! Questa tattica intrigante, conosciuta anche come dollar-cost averaging (DCA) per i nostri amici dall'accento affascinante, è un modo per investire una somma fissa in un titolo o un gruppo di titoli a intervalli regolari, senza curarsi delle montagne russe del mercato.

Pensa al cost averaging come a un amico paziente e perseverante che ti incoraggia a investire nel tempo, riducendo l'impatto dei picchi e delle valli del mercato e prevenendo decisioni affrettate in momenti sfortunati. Il trucco del cost averaging è semplice: approfittare della volatilità del mercato acquistando più azioni quando i prezzi sono in calo e meno quando salgono. Il risultato? Il tuo costo medio per azione o quota tende a essere inferiore al prezzo medio di mercato, dato che finisci per acquistare più azioni quando i prezzi sono più bassi.

Ma cosa rende il cost averaging così affascinante, oltre alla possibilità di dormire sonni tranquilli senza preoccuparsi di quando entrare o uscire dal mercato? Semplicità e facilità di implementazione, amici miei! È come mettere il pilota automatico sul tuo investimento. Inoltre, il cost averaging aiuta a tenere a bada le emozioni e la tendenza a fare "market timing", ovvero a cercare di prevedere i movimenti futuri del mercato. La ricerca ha dimostrato che il market timing è un gioco più adatto ai veggenti che agli investitori.

Ma come ogni cosa nella vita, anche il cost averaging ha i suoi svantaggi. Se ti butti in questa strategia in un mercato che non fa altro che salire, finirai per avere un costo medio superiore al prezzo medio di mercato. E poi, il cost averaging potrebbe non essere la scelta giusta per tutti, specialmente per coloro con un orizzonte temporale di breve termine o una tolleranza al rischio elevata, che potrebbero essere più interessati a inseguire rendimenti più elevati con strategie di investimento più aggressive.

Nonostante questi potenziali intoppi, il cost averaging rimane un metodo popolare e alla portata di molti investitori, soprattutto per coloro che vogliono risparmiare nel tempo e minimizzare l'impatto delle oscillazioni del mercato. È come il comfort food degli investimenti: semplice, rassicurante e utile per nutrire i tuoi risparmi nel tempo. Puoi vederlo all'opera in contributi regolari a piani di risparmio per l'istruzione dei figli, piani pensionistici integrativi, o fondi di investimento a lungo termine. Alcuni investitori lo usano anche per accumulare posizioni in azioni individuali o ETF.

Per capire meglio il cost averaging, immagina un investitore che, seguendo un lampo di genialità (o pazzia), decide di investire 100 euro al mese in un fondo comune di investimento o un ETF che replica un indice di mercato. Ora, nei primi tre mesi, il prezzo delle quote del fondo si comporta come un bambino iperattivo con un sacco di caramelle: 10 euro, poi 8 euro, poi 12 euro. Con i suoi 100 euro al mese, il nostro eroe dell'investimento raccoglie 10 quote nel primo mese, 12,5 nel secondo mese (sì, si possono avere frazioni di quote) e 8,33 nel terzo mese. Alla fine dei tre mesi, si ritrova con un totale di 30,83 quote e 300 euro in meno nel portafoglio.

Ecco dove diventa interessante: il costo medio per quota è di 300 euro divisi per 30,83 quote, ovvero 9,73 euro. Poiché questo importo è inferiore al prezzo medio di mercato nel corso dei tre mesi (10 euro), il nostro audace investitore ha sfruttato la strategia del cost averaging per ridurre il costo complessivo del suo investimento. È come fare shopping durante i saldi!

Ma attenzione: il cost averaging non è un incantesimo magico che garantisce il successo dell'investimento o protegge dalle perdite. È più come un airbag che aiuta a mitigare l'impatto delle fluttuazioni del mercato. Tuttavia, può promuovere la disciplina nell'investimento e può essere particolarmente utile per gli investitori con un orizzonte temporale di lungo termine e obiettivi finanziari chiari come cristallo.

In definitiva, il cost averaging è come un fidato copilota che aiuta gli investitori a navigare nelle acque turbolente del mercato e a costruire una solida base di risparmio nel tempo. Non sarà la scelta giusta per tutti e, come tutte le strategie, ha i suoi svantaggi. Tuttavia, può essere un valido alleato per coloro che cercano di raggiungere obiettivi finanziari a lungo termine e preferiscono lasciare le montagne russe emotive alle visite al parco divertimenti.

5.6 Strategia di investimento in cedole e dividendi

Bene, ora entriamo nel mondo scintillante dei dividendi e delle cedole, un paradiso per gli amanti del cash flow e per coloro che amano sentir tintinnare le monete nel portafoglio. Pensate a questo come al pacchetto regalo che alcune aziende e obbligazioni vi fanno ogni tanto, solo per dirvi quanto vi apprezzano come investitori. Questi regali vengono chiamati dividendi nel mondo delle azioni e cedole nel mondo delle obbligazioni. Il loro scopo? Semplice: farvi innamorare ancora di più di loro.

Questo tipo di strategia è come un vecchio amico fidato per gli investitori, specialmente per quelli che vogliono vedere un flusso di reddito regolare e stabile dai loro investimenti. In pratica, la strategia consiste nell'acquistare e tenere titoli che sono generosi con i loro regali (dividendi o cedole), sperando di godere sia del reddito periodico generato da questi pagamenti che dell'eventuale apprezzamento del capitale nel tempo. È come avere la torta e mangiarla!

La cosa interessante di questa strategia è che può generare un flusso di reddito prevedibile e costante. È come avere un piccolo fiume di monete che scorre nel tuo portafoglio, che può essere molto utile se hai bisogno di una fonte di reddito supplementare, tipo se sei un pensionato che cerca di finanziare la tua passione per i viaggi o il golf.

Ma attenzione, non tutte le cedole e i dividendi sono uguali. Quando si sceglie in quale titolo investire, bisogna considerare il rendimento offerto. In parole povere, quanto grande è il regalo rispetto a quanto avete speso per il titolo. Ma attenti: un rendimento troppo elevato potrebbe essere un segnale di pericolo, come una bandiera pirata che sventola su un vascello in lontananza. Potrebbe indicare un rischio più elevato o problemi finanziari per l'azienda. Quindi, prima di gettarti a capofitto nei dividendi e nelle cedole, assicurati di fare le tue ricerche e, come sempre, non mettere tutte le uova nello stesso paniere. Ricorda, la diversificazione è la tua migliore amica nell'investimento!

Ecco un riepilogo dei punti chiave di questa strategia:

-Qualità e Affidabilità del Titolo: Quando si sceglie un titolo in cui investire, non solo dovreste guardare al rendimento. È importante esaminare la salute finanziaria dell'azienda o dell'entità che emette il titolo. Le aziende dovrebbero avere una storia solida di crescita degli utili, un payout ratio sostenibile e una buona reputazione per il pagamento dei dividendi.

-Rating di Credito e Durata dell'Obbligazione: Quando si tratta di obbligazioni, è importante guardare al rating di credito dell'emittente e alla durata dell'obbligazione. I rating di credito più elevati indicano una minor probabilità di inadempienza, e le obbligazioni a più breve termine possono offrire una maggiore protezione contro l'aumento dei tassi di interesse.

-Diversificazione del Portafoglio: Non si dovrebbe mai mettere tutte le uova nello stesso paniere. È importante diversificare i propri investimenti tra diverse aziende, settori e regioni geografiche. Questo aiuta a ridurre il rischio complessivo del portafoglio.

-Approccio a Lungo Termine: Questa strategia non è per gli impazienti. Dovreste essere pronti a tenere i vostri titoli per un periodo di tempo prolungato e resistere alla tentazione di vendere in risposta alle fluttuazioni del mercato.

-Reinvestimento dei Dividendi e delle Cedole: Questa pratica può essere un potente acceleratore per la crescita del portafoglio. Consiste nel reinvestire i dividendi o le cedole ricevute nell'acquisto di ulteriori azioni o obbligazioni.

In conclusione, implementare con successo una strategia di investimento in cedole e dividendi richiede un po' di lavoro e di pianificazione, ma può offrire una combinazione attrattiva di reddito costante e potenziale di crescita a lungo termine.

5.7 Materie Prime: l'investimento selvaggio!

Avventurarsi nel mondo degli investimenti in materie prime è come entrare in un saloon del vecchio West. Troverete un mix di personaggi vibranti e imprevedibili, dalle pepite d'oro scintillanti all'energia spumeggiante, dai campi di grano ondulanti alle mucche mugghianti. Se state cercando un'esperienza di investimento che vi farà saltare dal cavallo, allora, miei cari, siete nel posto giusto.

Cosa fa un investimento in materie prime così attraente? E perché avreste bisogno di un cappello da cowboy per affrontarlo? Beh, prima di tutto, queste belve selvagge del mondo degli investimenti possono offrire una protezione robusta dall'inflazione. Questo perché, a differenza del denaro, le materie prime non perdono valore quando l'economia si surriscalda. Sono come i cactus nel deserto - robusti e resistenti, indipendentemente da quanto il sole batta forte.

In secondo luogo, investire in materie prime vi offre un modo esotico per diversificare il vostro portafoglio. Perché mettere tutte le vostre uova nello stesso cestino quando potete espandere i vostri orizzonti e scommettere sul prezzo del grano, dell'oro o del petrolio? E se siete abbastanza coraggiosi, potete persino provare a domare il toro del mercato dei contratti

futures. Ma attenzione, cowboy: questa non è una corsa per i deboli di cuore!

Volete fare un tuffo nel mondo delle materie prime? Potete optare per l'acquisto diretto di beni fisici - immaginate di riempire il vostro salotto di lingotti d'oro! Oppure, potete scegliere di investire in fondi negoziati in borsa (ETF) o in fondi comuni di investimento legati alle materie prime, che vi permettono di ottenere l'esposizione che cercate senza dovervi sporcare le mani.

Se siete dei veri avventurieri, potreste considerare l'investimento in azioni di società che operano nel settore delle risorse naturali. Ma state attenti, perché queste imprese possono essere tanto imprevedibili quanto un rodeo.

Ma attenzione, Cowboy! La corsa all'oro delle materie prime non è un sentiero lineare verso la ricchezza. È più come un rodeo selvaggio, pieno di salti, torsioni e giravolte che potrebbero lanciarvi fuori sella.

L'investimento in materie prime non è per i pusillanimi. Come minatore esperto che affronta un filone d'oro, avrete bisogno di una conoscenza profonda dei mercati e delle forze naturali che li muovono. Le materie prime possono essere tanto imprevedibili quanto un tornado in Texas, con prezzi che oscillano a causa di tutto, dal clima alle tensioni geopolitiche.

Gli investitori in materie prime devono essere pronti a lavorare duro. Non si tratta di sedersi, rilassarsi e godersi il tramonto. Dovete essere disposti a gestire attivamente il vostro portafoglio e a tenere d'occhio il mercato come un falco che osserva la sua preda.

Non vi preoccupate, però, non siete soli in questo rodeo. Un consulente finanziario esperto può aiutarvi a tenere le redini e a navigare attraverso la polvere. Questi professionisti possono aiutarvi a capire come far ballare le materie prime per voi, al fine di raggiungere i vostri obiettivi finanziari.

In sintesi, l'investimento in materie prime può essere un'avventura emozionante che offre la possibilità di protezione dall'inflazione, diversificazione del rischio e potenziali rendimenti elevati. Ma, come in ogni buon film western, ci sono sempre rischi. Quindi, prima di montare in sella, assicuratevi di avere la conoscenza, le competenze e l'assistenza necessarie per cavalcare come un vero cowboy dell'investimento!

Quindi, cowboy, siete pronti a cavalcare il toro delle materie prime? Ricordate, è un viaggio selvaggio, pieno di sfide e potenziali ricompense. Ma se avete il coraggio, la determinazione e una buona strategia, potreste scoprire che l'investimento in materie prime è l'avventura che stavate cercando.

5.8 Investire nel mercato delle valute (Forex)

Amici, benvenuti nel selvaggio West della finanza: il mercato delle valute, o Forex! Questo non è un luogo per i timidi. Immaginatevi in un casinò gigante, aperto 24 ore su 24, cinque giorni alla settimana, dove l'unico gioco è scommettere su quale valuta avrà la meglio sull'altra. Parliamo di un luogo dove si muovono 6 trilioni di dollari al giorno! Sì, avete sentito bene, trilioni!

Come in una danza di cowboy e cowgirl, le valute vengono scambiate in coppia. Ad esempio, nella coppia **EUR/USD**, l'euro fa il ruolo del cowboy e il dollaro quello della cowgirl. Siete pronti a cavalcare il toro e il drago nello stesso rodeo? State attenti però, perché le valute possono essere tanto ballerine sfuggenti quanto un serpente del deserto!

Investire nel Forex può sembrare un'ottima idea per diversificare il vostro portafoglio e potrebbe farvi guadagnare sia quando il sole splende che quando i tempi sono tempestosi. Tuttavia, come un buon whiskey, il Forex ha un forte pizzico! È noto per le sue oscillazioni di prezzo che possono farvi guadagnare un sacco di soldi o svuotare le vostre tasche in un batter d'occhio.

Per non finire come un cattivo in un film western, dovete armare la vostra conoscenza con le dinamiche del mercato, le politiche monetarie e le tendenze economiche globali. E se non siete dei pistoleri esperti, esistono diverse strategie di trading a vostra disposizione.

Ci sono i cacciatori di tendenze, che cercano di cavalcare la prossima grande onda, e i commercianti di posizione, che scelgono una posizione e ci si piantano come un vecchio sceriffo in città. C'è anche il trading di range, che scommette sul fatto che ogni saloon ha un tetto e un pavimento e cerca di trarre profitto dalle inversioni di tendenza. E infine, per i cowboy tecnologici, c'è il trading ad alta frequenza e algoritmico, che utilizza super computer per sparare ordini più velocemente di quanto uno possa dire "yee-haw"!

Se tutto questo suona come un sacco di lavoro, ci sono anche opzioni per i cowboy della domenica. I fondi comuni di investimento e gli ETF sulle valute possono offrirvi un assaggio del Forex senza dovervi sporcare le mani.

Ma ricordate, amici, il Forex non è per i cuori deboli. Prima di saltare in sella, assicuratevi di capire bene il funzionamento del mercato, i rischi associati e valutate se questo tipo di investimento è adatto alle vostre esigenze. Consultare un consulente finanziario esperto può essere utile per capire se l'investimento in valute è una scelta appropriata per voi.

L'investimento in valute può essere un'avventura selvaggia che offre la possibilità di diversificare il portafoglio e potenziali rendimenti sia in mercati in rialzo che in ribasso. Ma come ogni buon film del west, l'investimento in valute ha il suo lato oscuro, con rischi significativi e la necessità di una comprensione approfondita delle dinamiche del mercato e delle strategie di trading. Non esiste un percorso garantito verso il tramonto con una borsa piena di oro, ma con la giusta preparazione e consapevolezza, l'investimento in valute può diventare una parte avvincente del vostro viaggio finanziario. Ricordate sempre, però, di valutare attentamente se questo tipo di investimento è adatto alle vostre esigenze e obiettivi finanziari. Buona fortuna, cowboy!

Conclusione

La grande conclusione di questo rodeo finanziario? Per creare un portafoglio di investimenti campione, dovete essere un buon DJ, mixando con maestria tutte queste strategie, bilanciando ogni pezzo in base al ritmo delle vostre esigenze e obiettivi finanziari. Un portafoglio che fa ballare i numeri include una diversificazione che fa girare la testa, una miscela di attività e settori, l'uso di strategie di investimento attive e passive a seconda di quanto volete scatenarvi sulla pista da ballo, una gestione del rischio che vi farà sembrare un acrobata, e l'uso di tecniche sofisticate come il cost averaging per ridurre l'effetto della volatilità del mercato, perché a nessuno piace essere scaraventato fuori dal ring.

Ma, fate attenzione, non esiste un remix universale per il successo degli investimenti. Quello che fa ballare una persona potrebbe far scappare un'altra dal dancefloor. Quindi, prima di salire sul palco, valutate attentamente le vostre esigenze, obiettivi e quanta agitazione potete gestire.

E ricordate, un buon investitore, come un buon DJ, è sempre sintonizzato sulle ultime tendenze, pronto a modificare il mix in base al cambiamento del ritmo del mercato e delle sue circostanze personali. Monitorare il vostro portafoglio con l'attenzione di un falco e avere la voglia di imparare in continuazione dalla pista da ballo del mercato può fare la differenza tra un portafoglio di investimenti che fa solo tap tap e uno che fa BOOM!

Ecco a voi, l'avventura degli investimenti vi aspetta. Pronti a fare il grande salto? Che il vostro portafoglio possa danzare all'infinito!

Capitolo 6

Pianificare la rapina del secolo: Obiettivi finanziari

"Gli obiettivi finanziari sono un po' come le cipolle, ti fanno piangere quando cominci a sbucciarli. Ma una volta che hai finito, finalmente capisci che il risotto ne valeva la pena."

Il mondo degli investimenti, è come pianificare una rapina al museo del Louvre. Devi avere un piano, una mappa, e soprattutto, devi sapere esattamente quale tesoro stai cercando di rubare. Allo stesso modo, avere obiettivi finanziari chiari e ben definiti è la tua mappa del tesoro per tracciare una rotta verso l'oro e assicurarti un futuro pieno di sacchi di monete.

Ora, vi ricordate quel vecchio poeta greco, Esiodo? Lui una volta ha detto: "Se aggiungi poco al poco, e lo fai spesso, presto quel poco diventerà molto". Questo è il tuo piano di fuga, la tua auto veloce, la tua copertura. Non hai bisogno di un sacco pieno di diamanti per iniziare a pianificare la tua rapina finanziaria. Tutto quello che devi fare è iniziare con qualche moneta e aggiungere qualche altra moneta ogni volta che puoi.

Con la costanza e la disciplina (e forse un po' di aiuto dal tuo amico fidato, il mercato azionario), puoi trasformare quel mucchio di monete in una montagna di tesori. È così che i ladruncoli diventano ladri di fama mondiale. E non preoccupatevi, non c'è bisogno di essere un genio del crimine con risorse illimitate per farlo. Anche tu, con le tue risorse limitate, puoi arrivare a possedere il tuo "Mona Lisa" finanziario.

In questo capitolo, vi faremo entrare nel caveau della pianificazione finanziaria. Vi mostreremo come stabilire i vostri obiettivi, che possono essere qualsiasi cosa, dal ritirarsi in una villa al mare, all'assicurarsi che i vostri figli possano permettersi lezioni private di mandolino, a generare flussi di reddito passivo per poter sorseggiare mojito sulla spiaggia mentre i soldi continuano a scorrere. Vi mostreremo anche come creare il vostro fondo di emergenza, perché ogni buon ladro sa che devi sempre avere un piano B.

Seguiteci in questo viaggio e vi promettiamo che alla fine avrete una mappa del tesoro per la vostra rapina finanziaria. Con uno scopo ben definito, sarete più determinati e focalizzati, e non permetterete a niente e a nessuno di ostacolare la vostra corsa verso il successo finanziario.

Allora, cosa aspettate? Mettete il passamontagna, affilate le vostre abilità e preparatevi a pianificare la rapina finanziaria del secolo! Ricordate, il mondo degli investimenti è il vostro museo, e ogni tesoro è alla vostra portata.

6.1 Pianificare la grande fuga: Investire in una pensione integrativa

In Italia, l'età pensionabile è come un palloncino in un compleanno di bambini: continua a gonfiarsi. E non c'è niente di più deprimente di un palloncino che esplode proprio quando si sta per spegnere le candeline. Quindi, come possiamo proteggerci da un simile scenario deludente?

Ecco il piano: investire in una pensione integrativa. È come avere un buon amico con un'auto sportiva pronta fuori, nel caso il tuo furgone non si accenda quando devi fare la grande fuga.

Le pensioni integrative, o come mi piace chiamarle, "i vostri amici in fuga", sono le vostre auto sportive per una rapida evasione da un futuro di insicurezza finanziaria. Pensateci come a una riserva di denaro che accumuliate nel tempo, pronta ad intervenire quando la pensione statale decide di fare le bizze.

Avete mai sentito parlare dell'effetto composto? È la magia che fa sì che i vostri soldi si moltiplichino come i conigli. Mettendo da parte un po' di denaro nel vostro fondo pensione integrativo il prima possibile, potete sfruttare questa magia e guardare i vostri soldi crescere. È come avere un coniglio nel cappello che si moltiplica ogni volta che lo estrai.

E non dimenticate, in molti casi, i soldi che mettete nei fondi pensione integrativi sono detraibili dalle tasse. È come avere un pass per scivolare indisturbati attraverso i laser di sicurezza del museo fiscale.

Quindi, non aspettate che il vostro palloncino esploda. Preparate la vostra auto sportiva, iniziate a costruire la vostra riserva di conigli magici e pianificate la vostra grande fuga verso un futuro finanziariamente sicuro e confortevole. Avete già la mappa del tesoro, ora è il momento di preparare il piano di fuga!

Esempio: Operazione Fuga Pensionistica

Poniamo il caso di un bravo ragazzo di nome Luigi, pronto a ritirarsi dopo anni di duro lavoro nella sua amata pizzeria. Luigi si aspetta una pensione statale di 1.000€ al mese, il che non è male, ma Luigi ha sogni più grandi. Vuole godersi il suo tempo libero viaggiando per il mondo, scoprendo nuove ricette e magari anche concedendosi un lussuoso bagno di fango ogni tanto. Così Luigi decide di mettere in atto l'Operazione Fuga Pensionistica.

Luigi inizia a versare 150€ al mese nel suo fondo pensione integrativo. Lo fa per 25 anni, tempo durante il quale il suo fondo cresce al ritmo di una pianta di pomodori sotto il sole del sud Italia, grazie ad un rendimento annuo medio del 4%. Alla fine dei 25 anni, Luigi ha accumulato circa 76.200€ nel suo fondo.

Una volta raggiunta l'età pensionabile, Luigi inizia a ritirare 300€ al mese dal suo fondo integrativo. È un po' come se, ogni mese, pescasse una grossa fetta di mozzarella dal suo secchiello pieno di formaggio. Aggiungendo i 300€ al mese ai suoi 1.000€ di pensione statale, Luigi finisce per avere 1.300€ al mese.

E così, grazie al suo astuto piano di pensione integrativa, Luigi può viaggiare, cucinare e fare i bagni di fango a volontà, vivendo uno stile di vita più confortevole e godendosi la sua pensione in tutto relax. L'Operazione Fuga Pensionistica di Luigi è un successo!

Questo esempio non è solo una storia divertente, ma mostra come un po' di pianificazione e un investimento intelligente possono portare a un futuro finanziario più luminoso e a una pensione piena di piaceri. E ricorda, se Luigi può farlo, anche tu puoi!

In sintesi, se non vuoi passare la tua pensione cercando di far quadrare i conti con le patatine fritte del discount, dovresti seriamente considerare l'investimento in una pensione integrativa. È un po' come piantare un alberello ora, per godere dell'ombra e dei frutti in futuro. Specie in un mondo in cui l'età pensionabile si allunga più di un filo di mozzarella e lo Stato potrebbe non essere in grado di darti un piatto di pasta dignitoso.

Non aspettare di essere vecchio e bisbetico, inizia a fare qualcosa ora. Informati sulle opzioni, metti da parte un po' di pasta ogni mese e, prima te ne accorgi, avrai accumulato una bella sommetta per goderti la pensione come si deve. Ricorda, meglio prevenire che rimanere a corto di sugo!

6.2 Risparmiare per l'istruzione dei pargoli: Un salvadanaio per i futuri geni... o filosofi

Hai mai pensato che i tuoi figli potrebbero essere i prossimi geni a inventare la nuova tecnologia rivoluzionaria o a trovare la cura per qualche malattia incurabile? O magari potrebbero semplicemente voler studiare filosofia e parlare per ore di Nietzsche mentre tu cerchi di guardare la partita in pace. In ogni caso, la loro istruzione è un investimento fondamentale che richiede più pianificazione di una missione su Marte.

Non si tratta solo di far risparmiare loro l'ansia di dover pagare un debito studentesco più pesante di un elefante, ma anche di dare loro la possibilità di accedere alle migliori opportunità educative senza dover vendere un rene.

La soluzione è semplice: apri un conto di risparmio dedicato all'istruzione dei tuoi figli. È come costruire un salvadanaio invisibile dove metti da parte un po' di soldi ogni mese, che nel tempo, grazie all'effetto composto, diventeranno una montagna di monete.

Ricorda, i soldi in questo conto sono come la Nutella: non sono fatti per essere spalmati su tutto, ma solo per una cosa specifica - l'istruzione dei tuoi figli. E per rendere il tutto ancora più dolce, in molti paesi, questi conti di risparmio per l'istruzione offrono vantaggi fiscali che possono farti risparmiare un sacco di soldi.

Quindi, inizia a informarti sulle opzioni disponibili e prepara il terreno per il futuro dei tuoi figli. E chissà, forse un giorno, grazie alla loro fantastica istruzione, saranno loro a pagare per le tue vacanze ai Caraibi!

Esempio
Immagina di avere un figlio appena nato e di sognare per lui un futuro brillante come astrofisico... o filosofo dell'arte

contemporanea, chi lo sa! Per far sì che il tuo piccolo genio possa avere la migliore istruzione possibile, decidi di mettere da parte un modesto gruzzoletto ogni mese: €100.

Lo metti in un conto deposito che rende un onesto 3% all'anno, sicuro come la Mamma, perché si sa, le borse possono fare le montagne russe, ma per l'istruzione del piccolo Einstein (o Picasso) non si scherza. Fai i tuoi calcoli e pensi: "Bene, €100 al mese per 12 mesi all'anno per 15 anni, moltiplica, sottrai... ecco, avrò messo da parte €18.000". Corretto! Ma non hai considerato l'effetto dell'interesse composto.

"Gli interessi sugli interessi?" esclami. Esattamente! Alla fine dei 15 anni, senza entrare nei dettagli matematici che farebbero impallidire il tuo futuro astrofisico, avrai un tesoretto di circa €22.196,64. Di questi, €18.000 sono i tuoi soldini sudati e il resto, circa €4.196,64, è puro guadagno, l'interesse sul tuo interesse.

"Magia?!" griderai. No, è solo la potenza dell'interesse composto. Con un modesto investimento di €100 al mese, il futuro di mini-Einstein (o mini-Picasso) sembra un po' più luminoso. Anche se, onestamente, avrai bisogno di più per pagare le future lezioni private di fisica quantistica o le visite ai musei d'arte di tutto il mondo. Ma, eh, ogni grande viaggio inizia con un piccolo passo, giusto?

6.3 Ingegnerizzare un portafoglio che suda denaro al posto nostro

Hai mai sognato di avere una macchina che produce soldi? No, non sto parlando di un qualche marchingegno illegale per stampare banconote nel seminterrato, ma di un investimento che ti porta a casa una seconda entrata, senza muovere un dito. È un po' come avere un piccolo esercito di banconote che lavora per te giorno e notte, suda per te ma non chiede niente in cambio. Ah, e senza doverli spalmare di crema solare.

Ecco il piano: diventiamo avidi cacciatori di dividendi. "Dividendi?", esclami mentre mangi le patatine dal sacchetto. Sì, amico mio, dividendi. Stiamo parlando di investire in quelle società che distribuiscono parte dei loro profitti ai loro azionisti, o nelle obbligazioni che ti elargiscono cedole periodicamente, come se fosse Natale ogni trimestre.

Quindi, mentre stai sdraiato sul divano a guardare la tua serie TV preferita, le tue azioni e obbligazioni stanno lavorando per te, riversando una cascata di monete d'oro nel tuo conto bancario. È come avere un secondo lavoro, ma senza dover mettere il naso fuori casa, e senza il rischio di fare straordinari o litigare con il capo.

Ma attenzione, non tutti gli investimenti sono uguali, né tutti i dividendi sono oro che luccica. È un po' come andare a funghi: devi sapere dove cercare e cosa cercare. Alcuni sono buoni, altri ti possono ammazzare. Devi fare attenzione, tenere d'occhio le tue posizioni e saper correre ai ripari se le cose si mettono male.

In questo modo, mentre i tuoi amici lavorano come muli per pagare le bollette, tu potrai goderti il tuo caffè, sapendo che i tuoi investimenti stanno generando quella seconda entrata che fa la differenza tra la sopravvivenza e il godimento della vita. È una partita dove l'unica regola è: chi investe, vince!

Esempio

Allora, immagina di essere un investitore, un tipo che ha deciso di mettere i propri soldi al lavoro invece di far lavorare se stesso. Decidi di puntare su delle società solide, forti come rocce, con una reputazione di Babbo Natale corporativo che distribuisce dividendi come se fossero doni sotto l'albero.

Ad esempio, potresti aver puntato il dito su una grande azienda multinazionale, di quelle con nomi che tutti riconoscono, che ti regala ogni trimestre un assegno per ringraziarti di aver creduto in loro. Queste aziende, generose come nonne che riempiono le calze a Natale, possono avere un rendimento annuo del 4%.

Quindi, diciamo che hai deciso di entrare in gioco con 100.000 euro, una bella somma, il risultato di molto sudore e forse anche qualche lacrima. Bene, quella cifra con il 4% di rendimento all'anno ti darà una pioggia di 4.000 euro in dividendi (100.000 x 0,04). Questo è denaro che potrebbe essere reinvestito, oppure speso in una vacanza al mare, una cena a lume di candela, o una TV più grande per guardare i tuoi film preferiti.

Insomma, la tua piccola armata di soldi sta lavorando sodo per te, e tutto quello che devi fare è decidere come goderti il frutto del loro lavoro. Non male come piano, no?

6.4 Investire in un Tetto Sopra la Testa (o come smettere di dare soldi al tuo proprietario di casa)

Nella grande roulette della vita, una delle scommesse più grandi riguarda la tua dolce dimora: comprare un angolo tutto tuo di mondo o continuare a versare fiumi di denaro nelle tasche del tuo proprietario di casa? Questo capitolo ti guiderà nel labirinto dei pro e contro dell'acquisto e dell'affitto, per aiutarti a fare una scelta ponderata basata sulle tue personali condizioni finanziarie e sull'oroscopo del giorno (scherzo!).

La decisione tra comprare una casa o continuarla a prendere in affitto dipende da un numero ridicolmente grande di variabili: la tua situazione finanziaria (o la mancanza di essa), le esigenze abitative (monolocale o castello?), le priorità (cucina con isola o garage doppio?) e i tuoi obiettivi a lungo termine (residenza permanente o dimora temporanea tra un'avventura e l'altra?).

Per alcuni, l'acquisto di una casa è come un tesoro sepolto: un investimento a lungo termine e una fonte di sicurezza finanziaria. Per altri, l'affitto è come un abbonamento al fitness: offre flessibilità, la possibilità di cambiare quando si vuole, e ti consente di investire altrove (come in quell'abbonamento fitness che non usi mai). Non esiste una risposta unica che vada bene per tutti; ogni individuo deve fare i conti con la propria situazione e decidere quale opzione si adatta meglio alle proprie esigenze.

Quando pensi di comprare una casa, devi chiederti: posso permettermi i costi iniziali senza vendere un rene? Sopravvivrò alle spese di manutenzione e riparazione? E se il mercato immobiliare fa le bizze, sono pronto a farci i conti? D'altra parte, se pensi di affittare, dovresti considerare: quanto stabile sarà il mio affitto nel tempo? Quanto sono flessibile con la mia abitazione? E, soprattutto, posso vivere con il fatto che non posso dipingere le pareti di viola o abbattere quel muro per fare spazio al mio nuovo home theater?

Acquisto vs Affitto: Il Ring del Confronto

Vantaggi dell'Acquisto di una Casa:

-Patrimonio netto: Acquistando una casa, diventi un po' come Paperon de' Paperoni - accumuli un patrimonio nel tempo, perché il valore della casa può aumentare (speriamo!) e nel frattempo stai estinguendo il mutuo.

-Stabilità: Possedere una casa ti dà la sensazione di stabilità di un gatto che dorme sul divano tutto il giorno - non sei soggetto alle decisioni bizzarre del tuo padrone di casa né a improvvisi aumenti di affitto.

-Libertà: Quando possiedi una casa, sei il re del castello! Puoi personalizzare e apportare modifiche alla tua dimora come meglio credi, senza dover chiedere il permesso al padrone di casa.

-Vantaggi fiscali: In molti paesi, gli interessi sul mutuo e altre spese correlate all'acquisto di una casa possono essere dedotti dalle tasse - il che è come avere una piccola partita di Monopoli con te stesso!

Svantaggi dell'Acquisto di una Casa:

-Costi iniziali elevati: Comprare una casa è un po' come comprare un elefante - richiede un investimento iniziale considerevole, come l'anticipo e le spese di chiusura.

-Manutenzione e riparazioni: Quando possiedi una casa, diventi automaticamente il supereroe di ogni grondaia rotta o caldaia esplosa - devi occuparti della manutenzione e delle riparazioni, che possono diventare costose nel tempo.

-Meno flessibilità: Essere proprietario di una casa ti lega un po' come un gabbiano a una pietra - riduce la flessibilità in termini di mobilità geografica, perché vendere una casa può richiedere tempo e comportare costi aggiuntivi.

Vantaggi dell'Affitto di una Casa:

-Flessibilità: Affittare una casa ti dà la flessibilità di un contorsionista. Puoi spostarti più facilmente in caso di cambiamenti nelle esigenze abitative o nelle opportunità lavorative.

-Costi iniziali inferiori: Affittare una casa è come ordinare un antipasto al ristorante invece di un pasto completo - costa meno in termini di costi iniziali, come il deposito cauzionale e il primo mese di affitto.

-Nessuna responsabilità per la manutenzione: Quando affitti, non sei l'eroe dei problemi domestici. Non devi occuparti della manutenzione e delle riparazioni, che sono generalmente a carico del proprietario.

-Liquidità: Affittando, non blocchi una montagna di denaro nella pietra della casa, mantenendo maggiore liquidità per altri investimenti o spese - come quella chitarra elettrica che hai sempre desiderato.

Svantaggi dell'Affitto di una Casa:

-Nessun accumulo di patrimonio netto: Affittando una casa, non accumuli un patrimonio come Paperon de' Paperoni. Non vedi crescere i tuoi soldi nel tempo come se fossi un proprietario.

-Potenziale aumento degli affitti: Gli affitti possono aumentare nel tempo, come un palloncino con troppo elio, rendendo l'abitazione meno accessibile.

-Limitazioni sulla personalizzazione: Quando affitti, potresti non avere la libertà di personalizzare la casa come desideri. Potresti dover accontentarti dei mobili vintage del proprietario o delle sue scelte di colore discutibili.

Conclusioni

Alla fine della fiera, la decisione tra acquistare e affittare una casa è come scegliere tra una pizza Margherita e una Capricciosa - dipende da cosa ti piace e cosa sei disposto a ingoiare. È una decisione personale e finanziaria che richiede uno sguardo attento al proprio portafoglio, alla propria situazione e ai propri obiettivi.

Se stai valutando questa scelta, prenditi il tempo di pesare tutte le opzioni e di considerare i pro e i contro di entrambe le scelte, come faresti per scegliere il giusto topping per la tua pizza. Così potrai fare una scelta ben informata e strategica che ti aiuterà a raggiungere i tuoi obiettivi a lungo termine, come conquistare quella Margherita perfetta o la Capricciosa dei tuoi sogni.

E ricorda, sia che tu decida di acquistare o affittare, la cosa importante è che tu ti senta a casa. Dopotutto, non importa quanto sia buona la pizza se non ti piace il luogo in cui la mangi.

6.5 Investire per un progetto a breve termine: quando desideri il brivido del rischio, ma hai le ginocchia di burro.

Immagina il mondo degli investimenti come una partita di calcetto con gli amici. Hai dei soldi (la palla) e l'obiettivo è portarli dall'altra parte del campo (la porta avversaria) per segnare un gol (il ritorno sull'investimento). Ma c'è un problema: hai solo tre anni per farlo. Tre anni?! Un attimo... non è un po' breve come partita? Esatto, è come giocare un'amichevole di calcetto con un timer che corre come Usain Bolt. Ecco, quella è l'investitura a breve termine.

Quindi, cosa fai? Ti lanci in avanti, dribblando tutti gli avversari, rischiando una rovinosa caduta e un ginocchio sbucciato, sperando di fare gol? O ti passi la palla con i tuoi compagni più sicuri, facendo passaggi corti e sicuri, senza rischiare troppo, ma anche senza la speranza di un tiro da fuori area spettacolare?

Se sei il tipo che vuole mantenere un approccio più conservativo, come il gioco di squadra con passaggi corti, opterai per investimenti a basso rischio. Questi sono i tuoi compagni di squadra affidabili - titoli di Stato, obbligazioni di alta qualità, conti di risparmio e fondi del mercato monetario. Non sono quelli che ti faranno esultare per un tiro da fuori area che finisce in rete, ma sono quelli che ti faranno sentire sicuro di non perdere la palla e darla all'avversario.

Ma attenzione, non aspettarti che passando la palla a questi giocatori farai gol in un batter d'occhio. No, sono giocatori sicuri, ma non sono famosi per le loro prodezze acrobatiche. Quindi, mentre è meno probabile che tu perda la palla con loro, il ritorno che ti daranno sarà più modesto.

Ricorda, ogni volta che investi, sei tu quello che decide la strategia di gioco. Pensa attentamente a quanto sei disposto a rischiare, quanto tempo hai a disposizione, e quale tattica ti porterà alla vittoria. E, come ogni partita di calcetto, goditela! Perché alla fine, se non ti diverti, che partita è?

Esempi, cari amici, esempi!
Sono i vostri traguardi, le vostre partite di campionato personali. Quali sono le sfide che ti aspettano nel tuo futuro finanziario a breve termine? Ti faccio vedere, tira fuori la tua palla e segui il mio allenamento:

-Acquisto di una nuova auto: Immagina di voler acquistare quella macchina sportiva rossa che fai sognare ad occhi aperti, quella che ti fa sentire come un divo del cinema quando la guidi. Sai che tra due o tre anni la vorrai. Allora, cosa fai? Inizi a investire in quei giocatori solidi e affidabili (titoli di Stato, conti di risparmio, ecc.) per accumulare il gruzzolo che ti servirà per accontentare il tuo cuore da divo del cinema.

-Viaggio o vacanza speciale: Forse il tuo sogno è viaggiare in un luogo esotico, sorseggiando cocktail tropicali mentre ti dondoli su un'amaca sulla spiaggia. Se questo è il tuo obiettivo, il gioco d'investimento a breve termine è il tuo biglietto per il paradiso!

-<u>Fondo di emergenza</u>: Ah, la sicurezza! Perché a chi non piace dormire sonni tranquilli? Investire a breve termine può aiutarti a creare quel comodo cuscino di soldi, pronto a salvarti il sedere quando le cose si mettono male. È come avere un difensore super affidabile pronto a respingere ogni pallone che viene sparato verso la tua porta.

-<u>Acconto per l'acquisto di una casa</u>: O forse il tuo obiettivo è quello di entrare nel meraviglioso, e spesso terrificante, mondo della proprietà di una casa. Allora, inizia a investire per l'acconto! È come allenarsi prima di una grande partita. Più ti alleni, più sei pronto per la sfida.

-<u>Pagare un debito</u>: Oppure, forse hai un grosso avversario da sconfiggere, un debito che ti fa ombra come un brutto attaccante. Non temere! Con un investimento a breve termine, puoi organizzare una strategia per liberarti da questo ingombrante avversario.

Ricorda, l'obiettivo è giocare la partita nel modo più intelligente possibile. Quindi, cosa aspetti? Inizia a investire e vinci la tua partita finanziaria!

* * * *

Oh, l'amato piano d'azione! Ecco cosa ci insegna il gioco degli investimenti: Non puoi semplicemente scendere in campo e aspettarti di segnare gol senza alcuna strategia. Per ogni sogno da realizzare, per ogni trofeo da sollevare, hai bisogno di un piano, un disegno maestro, una tattica magistrale!

Ogni obiettivo da raggiungere sul campo del breve termine richiede la sua strategia, la sua mossa speciale. Dovrai considerare quanto sei disposto a rischiare, quanto tempo hai per segnare il gol vincente e come gestire la tua squadra di investimenti.

E, amico mio, ricorda: nel gioco degli investimenti, non si tratta solo di segnare gol, ma anche di difendere il tuo patrimonio. Per questo motivo, scegliere un mix di giocatori affidabili, quelli con una bassa tendenza a perdere la palla (investimenti a basso rischio), può essere una mossa vincente. E per non essere troppo prevedibili, ricorda sempre di mescolare le carte in tavola: la diversificazione è la tua finta che manda in confusione l'avversario.

Quindi, mettiti la fascia da capitano e guidalo, il tuo team finanziario. Porta a casa quel trofeo, realizza quei sogni, segna quei gol! E ricorda, non importa quanto sembri dura la partita, mantieni sempre la calma e gioca con saggezza. In fondo, sei tu l'allenatore, il capitano e il tifoso numero uno della tua squadra finanziaria. Andiamo a vincere questa partita!

Capitolo 7

Fattore psicologico

La pazzia della mente investitrice

"La psicologia degli investimenti è come un appuntamento al buio, non sai mai se ti innamorerai a prima vista o se vorrai scappare dopo cinque minuti."

Se pensi che l'investimento sia solo un gioco di numeri e grafici, amico mio, ti stai perdendo metà dello spettacolo! Nascosto dietro le righe di un foglio di calcolo c'è un mostro che sbuffa e ruggisce, un drago fumante di emozioni e pregiudizi che può incendiare i tuoi risparmi prima che tu possa dire "portafoglio di investimenti". Sì, signore e signori, stiamo parlando del "Fattore Psicologico"!

Tu potresti pensare di essere un robot freddo e calcolatore quando si tratta di investimenti, ma ammettiamolo: sei umano. E gli esseri umani, benedetti come sono con emozioni e pregiudizi, sono altrettanto inclini a scatenare il caos sui loro investimenti come un bambino lasciato solo con un vaso di marmellata.

"Ma io prendo decisioni razionali!" potresti protestare. Sì, certo, e io sono l'abate del Monastero del Denaro. La realtà è che ogni decisione di investimento che prendiamo è un cocktail esplosivo di ragione, emozione, e il particolare umore che abbiamo quando il nostro cane decide di fare la cacca sul nostro tappeto persiano preferito.

Ecco dove entra in gioco la psicologia comportamentale, il nostro Sherlock Holmes finanziario, che ci aiuta a smascherare le tendenze comportamentali e i pregiudizi cognitivi che influenzano le nostre decisioni. Scoprire che, nonostante i nostri migliori sforzi per essere razionali, spesso ci comportiamo come lemming finanziari che si precipitano giù per un precipizio di decisioni avventate può essere un po' sconvolgente, lo ammetto.

Ma non temere! In questo capitolo, non solo esploreremo le stranezze del cervello umano e il suo impatto sui nostri investimenti, ma ti armiamo anche con le strategie per affrontare questo drago psicologico. Perciò, allaccia le cinture e preparati per un viaggio nella tua mente: potrebbe essere il viaggio di investimento più importante che tu abbia mai fatto!

7.1 I burattinai della mente: Pregiudizi cognitivi negli investimenti

I pregiudizi cognitivi sono come marionettisti invisibili che tirano le corde della nostra mente finanziaria, spingendoci a compiere movimenti da teatro dell'assurdo invece di balletti finanziari di precisione. Di seguito ti presento i membri più noti di questa banda di mascalzoni:

-<u>Ancoraggio</u>: L'ancoraggio è quel mascalzone che ti fa attaccare come una cozza a un pezzo di informazione, spesso il primo che incontri, e lo usi come punto di riferimento per le decisioni future. Ad esempio, potresti essere ancorato al prezzo iniziale di un'azione come se fosse il Santo Graal, ignorando altre informazioni che potrebbero suggerire che l'azione è ora tanto sopravvalutata quanto un dipinto venduto come un Picasso che si scopre essere un disegno del tuo nipote.

-Effetto disposizione: L'effetto disposizione è quel buffone che ti spinge a vendere le tue azioni vincenti più velocemente di un venditore di hot dog allo stadio, mentre ti aggrappi ai tuoi titoli perdenti come un naufrago a un pezzo di legno nel mezzo dell'oceano. Questo, amico mio, è il modo più veloce per far svanire i tuoi guadagni e aumentare le tue perdite.

-Bias di conferma: Il bias di conferma è quel losco figuro che ti fa vedere solo ciò che vuoi vedere, confermando le tue convinzioni e ignorando tutto il resto. È come mettersi gli occhiali con lenti colorate e sorprendersi che tutto sia rosa.

-Eccesso di fiducia: L'eccesso di fiducia è quel fanfarone che ti fa pensare di essere il lupo di Wall Street, quando in realtà potresti non sapere la differenza tra una stock option e una zuppa di pollo. Gli investitori troppo fiduciosi tendono a giocare troppo grosso, ignorando i rischi e aspettandosi rendimenti più alti di un missile spaziale.

-Aversione alla perdita: L'aversione alla perdita è quel fifone che ti impedisce di prendere decisioni giuste per paura di perdere. È come non giocare alla lotteria perché hai paura di perdere un euro, nonostante tu possa vincere un milione.

Ora che conosci i tuoi nemici, è il momento di imparare come tenerli a bada e fare in modo che la tua mente finanziaria danzi come una ballerina primaria piuttosto che inciampare come un clown in un circo.

7.2 Il Dramma delle Emozioni negli Investimenti

Le emozioni possono essere un po' come una telenovela nel mondo degli investimenti, con tanto di colpi di scena, lacrime e risate. Ecco alcuni dei protagonisti più noti di questo drama:

-Paura: La paura è quella strega cattiva che ti sussurra all'orecchio di vendere tutto quando il mercato ha un singhiozzo, o di nascondere il denaro sotto il materasso perché il futuro è incerto. Questa povera scelta emotiva può farti perdere il treno degli investimenti e limitare il tuo potenziale di guadagno.

-Avidità: L'avidità è quel lupo malvagio che ti spinge a cercare sempre più oro, assumendo rischi insensati o gettando i tuoi soldi in investimenti speculativi più instabili di un castello di carte. Questo può portare a perdite catastrofiche quando il mercato si capovolge o quando il tuo castello di carte crolla.

-Ottimismo eccessivo: L'ottimismo eccessivo è quel buffone che ti fa pensare che tutto andrà sempre per il meglio, facendoti ignorare i rischi. Questo personaggio può spingerti a saltare in investimenti che sembrano una miniera d'oro, ma che in realtà sono trappole per orsi.

-Affetto: L'affetto è quel seduttore che ti fa innamorare di un titolo o di un'azienda, indipendentemente dalla sua salute finanziaria. Potresti trovarti a investire in aziende che ti piacciono o che ti fanno sentire bene, anche se stanno affondando come il Titanic.

-<u>Surriscaldamento</u>: Il surriscaldamento è quel party-goer che ti fa ballare all'impazzata quando l'euforia del mercato è al massimo, investendo senza pensare ai rischi. Questo può portare a bolle speculative e a crisi di cuore finanziarie quando il mercato si corregge.

-<u>Rabbia e frustrazione</u>: La rabbia e la frustrazione sono quelle sorelle cattive che ti spingono a prendere decisioni avventate quando le cose non vanno come previsto. Potresti trovarti a vendere titoli o a cambiare strategia solo perché sei arrabbiato o frustrato, aumentando il rischio di fare una figuraccia finanziaria.

-<u>Rimpianto</u>: Il rimpianto è quel fantasma del passato che ti tormenta con le opportunità perse e ti spinge a tenere titoli in perdita troppo a lungo, sperando di recuperare. Questa emozione può intrappolarti in una spirale di decisioni sbagliate e di rimpianti costanti.

Ma non temere, caro lettore! Anche se le emozioni possono sembrare spaventose, una volta che le conosci, puoi iniziare a gestirle e a usarle a tuo vantaggio, trasformando la tua telenovela finanziaria in una storia di successo.

7.3 Il supereroe interno: Autocontrollo e Disciplina

Immagina di essere un supereroe finanziario, munito di mantello e tutto il resto. La tua arma segreta? Autocontrollo e disciplina. Ecco come puoi allenarti per diventare un esperto in questi superpoteri finanziari:

-<u>Costruisci la tua Batcaverna con un piano d'investimento scritto</u>: Non bastano solo intuizioni e buone intenzioni. Un piano d'investimento scritto è il tuo quartier generale, il luogo da cui partono tutte le tue strategie. Deve contenere i dettagli dei tuoi obiettivi, la tua tolleranza al rischio, l'orizzonte temporale e le specifiche tattiche che userai per sconfiggere i tuoi nemici finanziari.

-<u>Allenati nella sala del pericolo con un approccio disciplinato all'investimento</u>: L'allenamento è fondamentale per ogni supereroe. Stabilisci regole e linee guida per il tuo portafoglio, e attieniti ad esse come un samurai alla sua disciplina. Questo ti aiuterà a mantenere la calma nelle decisioni di investimento, evitando di cadere nelle trappole dei cattivi come l'impulsività e le decisioni dettate dall'emozione.

-<u>Studia i tuoi avversari passati</u>: Ogni battaglia che hai combattuto è un'opportunità di apprendimento. Rifletti sulle tue scelte passate, analizza le situazioni in cui sei riuscito a mantenere l'autocontrollo e quelle in cui hai lasciato che le tue emozioni prendessero il sopravvento. Poi, come un vero supereroe, usa queste lezioni per migliorarti.

-<u>Ascolta il tuo superpotere emotivo</u>: Sì, le emozioni possono essere un punto debole, ma possono anche essere un superpotere se impari a controllarle. Monitora le tue emozioni durante il processo di investimento, riconosci quando stanno influenzando le tue decisioni. Quando senti che stanno prendendo il controllo, usa il tuo superpotere: prenditi una pausa, fai un respiro profondo e valuta la situazione con calma. Solo allora, con la tua mente chiara, entra in azione.

Ricorda, il vero potere di un supereroe non risiede nei suoi muscoli o nei suoi superpoteri, ma nella sua capacità di controllare se stesso. Il tuo successo finanziario dipende dalla tua capacità di controllare le tue emozioni e di mantenere la disciplina, anche quando le cose si fanno difficili.

7.4 L'Università del portafoglio: L'importanza dell'educazione finanziaria

Immagina di essere uno studente in un'università molto speciale: l'Università del Portafoglio. Questa scuola è dedicata a insegnare l'arte dell'investimento e, proprio come qualsiasi altro percorso educativo, è necessario imparare le basi, mantenere la propria conoscenza aggiornata, condurre ricerche e sviluppare competenze specifiche:

-Il corso base: Questo è dove inizi. È importante comprendere i fondamentali dell'investimento, come il rapporto rischio-rendimento, la diversificazione del portafoglio, l'allocazione degli asset, e l'analisi fondamentale e tecnica. Questi sono gli edifici su cui costruirai il tuo campus finanziario.

-La biblioteca di notizie finanziarie: Il mondo finanziario è un luogo dinamico e in continuo mutamento. Così come gli studenti devono rimanere aggiornati sulle ultime ricerche nel loro campo, anche tu, come investitore, devi rimanere aggiornato sulle tendenze del mercato, le notizie finanziarie e i nuovi sviluppi. La tua biblioteca di notizie finanziarie è dove trovi queste informazioni.

<u>-Laboratorio di ricerca e analisi</u>: Non si tratta solo di imparare e mantenere la conoscenza, ma anche di applicarla. Devi imparare a fare una ricerca approfondita e ad analizzare i dati disponibili. Questo potrebbe includere l'interpretazione di dati macroeconomici, la lettura dei bilanci delle società e l'analisi delle performance passate degli investimenti.

<u>-Il corso avanzato</u>: Mentre progredisci nella tua educazione finanziaria, potresti voler sviluppare competenze più specifiche. Queste potrebbero includere la capacità di valutare titoli individuali, gestire i rischi finanziari, comprendere strumenti finanziari più complessi come i derivati, e così via.

Ricorda, l'educazione finanziaria è un viaggio, non una destinazione. Proprio come qualsiasi altra forma di educazione, richiede impegno, curiosità e una mentalità aperta per imparare sempre di più. Ma la ricompensa - la capacità di navigare con sicurezza e successo nel mondo degli investimenti - vale sicuramente l'impegno.

7.5 Navigare la mente: strategie per gestire la psicologia degli investimenti

Gli investimenti sono molto più che numeri e grafici. Si tratta anche di comprendere il comportamento umano e, soprattutto, la tua propria mentalità. Ecco alcune strategie per gestire efficacemente la psicologia degli investimenti e prendere decisioni più razionali:

-Cartografia dei pregiudizi: Riconoscere e comprendere i propri pregiudizi cognitivi ed emozionali è il primo passo. Devi essere disposto a esaminare criticamente i tuoi comportamenti e decisioni di investimento, per identificare dove potrebbero entrare in gioco pregiudizi ed emozioni.

-Pilota automatico: Un approccio disciplinato all'investimento può servire come un pilota automatico, aiutando a mantenere la razionalità e resistere alle tentazioni di prendere decisioni impulsive basate su emozioni. Questo può includere l'adozione di regole e linee guida per il tuo portafoglio.

-L'arte della diversificazione: La diversificazione del portafoglio è una forma di "assicurazione" contro le incertezze del mercato. Investire in una varietà di asset e settori può aiutare a bilanciare i guadagni e le perdite, riducendo la dipendenza da un singolo investimento o settore.

-Ancorarsi alla realtà: Stabilire obiettivi realistici e allineati al tuo profilo di rischio e orizzonte temporale ti può aiutare a mantenere una visione a lungo termine e a evitare decisioni impulsive basate su fluttuazioni temporanee del mercato.

-Verifica periodica: Monitorare e rivedere periodicamente il tuo portafoglio ti assicura che rimanga allineato ai tuoi obiettivi finanziari e al tuo profilo di rischio. Questo può essere anche un momento per riequilibrare il portafoglio e correggere eventuali comportamenti irrazionali o pregiudizi.

-L'Ateneo finanziario: Ricercare e informarsi è fondamentale. Assicurati di avere accesso a informazioni imparziali e accurate sugli investimenti. Questo ti aiuterà a prendere decisioni razionali e a contrastare gli effetti dei pregiudizi cognitivi ed emozionali.

<u>-Capitano della nave</u>: Considera l'utilizzo di consulenti finanziari professionali. Questi esperti possono fornire consigli imparziali, aiutandoti a prendere decisioni più razionali. Possono anche aiutare a identificare e mitigare i tuoi pregiudizi cognitivi ed emozionali.

Conclusione: Ehi, tu! Sì, tu con i piani per il yacht e la villa! E allora, diciamo che hai tirato fuori il tuo super cappello di investitore e sei pronto a diventare il prossimo Warren Buffet... o almeno a evitare di finire con le tasche vuote. Ma, amico mio, c'è un piccolo problema: sei un essere umano. Sì, mi dispiace rompere il tuo sogno di diventare un robot di Wall Street, ma devi affrontare la realtà.

Il fatto è che noi, umani, siamo pieni di emozioni e pregiudizi che ci fanno fare delle mosse piuttosto stupide quando si tratta di investire. Cose come la paura, l'avidità, l'ottimismo smodato, e persino l'amore (sì, l'amore per quelle azioni che semplicemente non vogliamo lasciare andare) possono farci fare delle mosse piuttosto buffe sul mercato.

Ma aspetta, non disperare ancora! C'è un modo per gestire questa giostra emotiva. Primo: impara a riconoscere questi pregiudizi e sentimenti per quello che sono. Non sono i tuoi amici, ma nemmeno i tuoi nemici. Sono solo parte di quello che sei.

Poi, prenditi un po' di disciplina. Sai, quella cosa che usi quando ti costringi ad andare in palestra o a mangiare l'insalata invece della pizza. Applicala ai tuoi investimenti. Stabilisci un piano, mantienilo e non lasciare che le emozioni te lo facciano stravolgere.

E non dimenticare la diversificazione. È come il buffet al brunch della domenica. Non riempire il piatto solo con pancetta, prendi un po' di tutto. Allo stesso modo, non mettere tutte le tue uova finanziarie nello stesso cesto di investimenti.

Fissa obiettivi realistici, non quelli che ti vedono trascorrere l'inverno alle Bahamas. Controlla il tuo portafoglio periodicamente, proprio come controlli il tuo frigorifero. Non si sa mai quando troverai qualcosa di avariato.

Infine, ricorda che non c'è nulla di male nel chiedere aiuto. Non tutti siamo nati per essere degli investitori da solista. A volte, un consulente finanziario può essere proprio quello che ti serve per mantenere la testa a posto.

Ricorda, investire non è solo una questione di numeri e grafici. È una questione di comprendere te stesso - i tuoi obiettivi, i tuoi limiti e sì, anche i tuoi pregiudizi e le tue emozioni. Quindi, in bocca al lupo, futuro magnate delle finanze!

Capitolo 8

Il lato oscuro delle profitti: Le tasse

"Gli esperti dicono che dovremmo vedere le tasse come una forma di investimento nella società... Ma per essere onesti, preferirei investire in qualcosa con un rendimento un po' più alto, tipo... cioccolato?"

Ahh, le tasse. Quell'amorevole abbraccio dello Stato che ti ricorda che ogni guadagno ha il suo prezzo. Anche quando pensi di essere un genio dell'investimento, e che il tuo piano per dominare il mondo finanziario stia procedendo senza intoppi, ecco che arriva il fisco a bussare alla tua porta.

Che tu stia cercando di accumulare un patrimonio che farebbe impallidire Bill Gates o semplicemente stai cercando di mettere da parte qualche soldo per i tuoi anni d'oro, devi tenere d'occhio la fisarmonica delle imposte.

Innanzitutto, lascia che ti parli del **capital gain**, quel termine che suona così sofisticato. Sembra qualcosa che vorresti avere, vero? Beh, in realtà, il capital gain non è altro che la tua vincita alla lotteria del mercato azionario, il frutto dolce del tuo genio investitore. Comprato a 10, venduto a 15, e il tuo portafoglio ti ringrazia con un bel sorriso da 5 euro. Ma aspetta, lo Stato vuole la sua parte! E sì, quei 5 euro di guadagno saranno leggermente meno una volta pagate le tasse.

E se pensi che tutto ciò sia complicato, prova a dare un'occhiata alle regole fiscali per i diversi tipi di investimenti e strategie. Alcuni investitori preferiscono andare a caccia di investimenti con rendimenti più bassi ma con un trattamento fiscale migliore, come se fossero in una specie di safari fiscale. Altri si avventurano in territori di pianificazione fiscale più complessi, cercando tesori nascosti come i fondi pensione o i piani di risparmio a lungo termine.

E poi c'è l'Italia, un labirinto di regole fiscali e tasse, con due categorie principali di redditi: redditi di capitale e redditi diversi. Sono come due differenti bestie fiscali, nate dalla stessa madre (il tuo capitale), ma con abitudini e trattamenti fiscali completamente differenti.

Quindi sì, cari aspiranti magnati delle finanze, quando pianificate la vostra ascesa al trono finanziario, non dimenticate di mettere in conto il fisco. Non c'è nulla di peggio di una sorpresa fiscale per rovinare la vostra festa del successo finanziario!

Gli sposi maledetti: Redditi di capitale e redditi diversi
Allora, amici investitori, ora diamo un'occhiata più da vicino a questi due strani compagni di letto: i redditi di capitale e i redditi diversi.

<u>I redditi di capitale</u> sono i figli prodigi del tuo capitale. Ogni volta che investi in qualcosa, che si tratti di azioni, obbligazioni, fondi comuni di investimento o di quegli enigmatici ETF, i redditi di capitale sono i tuoi interessi, i tuoi

dividendi e qualsiasi altra delizia finanziaria che questi investimenti cospargono sulla tua scodella finanziaria.

Poi ci sono i <u>redditi diversi</u>, i cugini ribelli della famiglia dei redditi. Questi sono legati ad eventi più incerti, come quando vendi le tue azioni o altri strumenti simili. Qui, i guadagni o le perdite vengono calcolati sulla base della differenza tra il prezzo di vendita e quello di acquisto.

Ma ecco la parte veramente divertente. In Italia, questi due tipi di redditi sono come due rivali da telenovela: non possono essere compensati tra di loro. Questo significa che se perdi su un tipo di reddito, non puoi usare quella perdita per compensare un guadagno sull'altro tipo.

Immagina, ad esempio, di ricevere un bel dividendo di 10 euro (reddito di capitale), ma poi, in un colpo di sfortuna, subisci una perdita di 200 euro dalla vendita delle stesse azioni (reddito diverso). Anche se hai appena preso un bel pugno nello stomaco, devi comunque pagare le tasse sul tuo dividendo di 10 euro. Brutale, vero?

Quindi, quando pensi di navigare nei mari tempestosi delle finanze, ricorda sempre di considerare i tuoi redditi di capitale e i redditi diversi come i tuoi complicati compagni di viaggio. Non potranno mai abbracciarsi per compensare le tue perdite, ma dovranno affrontare separatamente le loro battaglie fiscali!

Il grande ballo delle tasse: Da dove vengono e dove vanno
Certo, amici investitori, ci piacerebbe tutti evitare le tasse, ma sfortunatamente, è come provare a schivare la pioggia con un colabrodo. In Italia, la maggior parte dei guadagni dalle attività

finanziarie sono colpiti dalla stangata della flat tax del 26%. Che tu stia comprando e vendendo azioni come se fosse il Black Friday, questa tassa ti seguirà come un'ombra.

Tuttavia, come in ogni buon drama, ci sono dei plot twist. Alcuni investimenti godono di un regime fiscale più indulgente. Ad esempio, se fai amicizia con i titoli di Stato, il tuo rendimento verrà tassato solo del 12,5%. Quindi, su un guadagno di 100 euro, invece di perdere 26 euro in tasse, perdi solo 12,50 euro.

Inoltre, ci sono alcuni investimenti che sono come i ninja della fiscalità: riescono a evitare completamente le tasse. Tra questi ci sono i Piani Individuali di Risparmio (PIR), i libretti di risparmio con meno di 5.000 euro e alcune forme di previdenza complementare, purché il fondo pensione investa fino al 5% del suo patrimonio in piani di risparmio a lungo termine o investimenti qualificati.

Poi ci sono le altre tasse, quelle che appaiono come mostri nascosti nell'armadio delle finanze. I conti deposito, ad esempio, vengono presi di mira dall'**imposta di bollo**, una tassa dello 0,20% sul saldo depositato. E per le transazioni finanziarie, si applica una tassa dello 0,12% calcolata sul volume dello scambio. Tuttavia, se ti ritrovi a giocare sul mercato non regolamentato, come il mercato Forex, la tassa sale allo 0,20%.

Quando arriva il momento di saldare il conto con il fisco, generalmente, devi pagare le imposte sugli investimenti tramite la dichiarazione dei redditi. Queste devono essere versate entro il 30 settembre dell'anno successivo a quello in cui hai realizzato i guadagni.

Ma aspetta, c'è di più! Esistono due differenti regimi fiscali. Il primo, il **regime dichiarativo**, è come un test DIY (Do It Yourself). Sei tu a dover fare tutto: dichiarare i tuoi guadagni e versare le imposte. Sei anche tu a poter compensare le plusvalenze con le minusvalenze, a condizione che siano dello stesso tipo.

Il secondo, il **regime amministrato**, è come un concierge per le tue tasse. L'intermediario si occupa di tutto, trattenendo le tasse prima di versarti il rendimento dell'investimento e fornendoti un certificato che attesta il pagamento delle imposte. È un po' come avere un maggiordomo fiscale personale! Quindi, se non ti piace occuparti personalmente delle tasse, il regime amministrato potrebbe essere la tua tazza di tè.

Perciò, amico investitore, ricorda: nel campo minato delle tasse, l'informazione è il tuo metal detector. Conoscere le tue responsabilità fiscali e come gestirle può fare la differenza tra un investimento redditizio e un buco nella tua tasca.

Ma non temere, non sei solo in questo campo di battaglia finanziario! Puoi sempre consultare un consulente fiscale, che sarà il tuo scudiero nel mondo delle imposte. Lui o lei può aiutarti a navigare attraverso la giungla delle leggi fiscali e assicurarti che paghi solo quello che devi. E chi sa? Potrebbe anche riuscire a trovarti qualche esenzione fiscale nascosta!

In ogni caso, non importa quanto possa essere ostica la tassazione, ricorda: le tasse sono una parte inevitabile dell'investimento. Ma con un po' di pianificazione e una gestione intelligente, puoi fare in modo che non diventino il villain della tua storia di investimento.

Ricorda, la vita può essere una commedia di errori fiscali, ma con la giusta preparazione, tu puoi essere il comico che ride per ultimo! Ricorda, l'obiettivo non è evitare le tasse (altrimenti, potrebbe bussare alla tua porta un gentiluomo chiamato Evasione Fiscale), ma gestirle nel modo più efficace possibile.

Alla fine, non importa quanto siano confusi o complicati gli aspetti fiscali degli investimenti, la regola d'oro rimane la stessa: conosci le tue responsabilità, paga le tue tasse, e l'unico luogo in cui finirai in prigione sarà nel gioco del Monopoli!

Doppia tassazione sui dividendi esteri

Siamo tornati nel campo minato, signori! Questa volta, abbiamo una bomba fiscale chiamata "doppia tassazione sui dividendi esteri". Un nome complicato, vero? Ma non temere, ti spiegherò tutto con un linguaggio che anche un bambino potrebbe capire!

La doppia tassazione dei dividendi è come un gioco di ping-pong fiscale. Sei lì, in Italia, con le tue azioni in una splendida azienda americana. Fai scorrere i dividendi attraverso l'oceano fino a te, ma oh-oh, ecco che il fisco americano ti fa "plop!" e prende una bella fetta di quei dividendi. Peccato, vero? Ma attenzione, la partita non è finita! Ora arriva il fisco italiano che fa un altro "plop!" e prende un'altra fetta dei tuoi sudati dividendi.

Facciamo un esempio. Supponiamo che ricevi 1.000 euro di dividendi da quella bella azienda americana. Zio Sam (il fisco americano) prende il 30% di questi dividendi, quindi tu ricevi solo 700 euro. Ma aspetta, il Bel Paese (il fisco italiano) vuole anche la sua parte, quindi applica una tassazione del 26% sui tuoi 700 euro. Così, ti restano solo 518 euro. Quindi, di quei 1.000 euro iniziali, hai dovuto pagare 482 euro in tasse. Sembra una brutta battuta, vero?

Ma non tutto è perduto! Esistono trattati internazionali per evitare questa doppia tassazione. Ad esempio, c'è un trattato tra gli Stati Uniti e l'Italia che riduce la tassazione dei dividendi al 15% per gli investitori italiani. Quindi, in questo caso, avresti pagato solo 150 euro di tasse negli Stati Uniti e 210 euro in Italia, per un totale di 360 euro. È ancora una bella somma, ma almeno è meno di 482 euro!

Ovviamente, ogni situazione è unica e varia a seconda del paese in cui l'azienda ha sede, quindi ti consiglierei sempre di consultare un consulente fiscale. Dopotutto, non vuoi finire come l'eroe di un film d'azione che tenta di disinnescare una bomba senza avere idea di cosa stia facendo, vero? Ricorda, quando si tratta di tasse, l'informazione è la tua migliore amica!

Conclusione
Ecco a voi, amici miei, la fine del nostro viaggio in questa giungla di tasse sugli investimenti! Spero che tu abbia il machete in mano, perché questo percorso è più intricato della foresta amazzonica.

Prima di tutto, ricorda che gli investimenti non sono solo una questione di guadagni, ma anche di pagare la tua parte al nostro adorato fisco. Non importa quanto sia brillante la tua strategia di investimento, se non tieni conto delle tasse, rischi di finire come un maratoneta che scivola sulla buccia di banana proprio prima del traguardo. E nessuno vuole essere quel tipo, vero?

Quindi, ricordati di guardare la tassazione specifica per ogni tipo di investimento. Alcuni investimenti hanno un trattamento fiscale più leggero, mentre altri sembrano un camion di tasse in agguato dietro l'angolo. E se investi all'estero, tieni d'occhio la doppia tassazione sui dividendi esteri, un mostro che ama prendere un bel morso dai tuoi guadagni!

Se tutto ciò ti sembra troppo complicato, non preoccuparti! Puoi sempre delegare la gestione delle tasse a un broker (in un regime amministrato), per una soluzione più semplice e pratica. Ma se preferisci mettere le mani nella pasta e gestire tu stesso le tasse (in un regime dichiarativo), beh, buona fortuna!

Infine, se ti trovi a dover navigare in queste acque turbolente della fiscalità degli investimenti, ti consiglierei di consultare un consulente fiscale. Perché, dopotutto, anche se può sembrare un po' noioso, il risparmio fiscale è un altro modo per massimizzare i tuoi rendimenti.

Quindi, metti il casco, preparati e affronta il mondo della fiscalità degli investimenti come il vero eroe che sei. E ricorda, le tasse possono sembrare un nemico, ma con la giusta strategia, possono diventare il tuo alleato segreto nella tua missione per la ricchezza finanziaria. Alla fine del giorno, non

è quello che guadagni, ma quello che riesci a conservare che
conta!

E adesso... inizia la vera avventura!

Ecco qui, amici! Siamo arrivati alla fine di questa impervia escursione attraverso i meandri della finanza personale. Mi piace pensare che, insieme, abbiamo affrontato le rapide dei mercati azionari, scavalcato le montagne della pianificazione della pensione, navigato i mari tempestosi degli investimenti e affrontato la bestia spaventosa della tassazione degli investimenti.

Prima di tutto, voglio ringraziarti per aver investito sia il tuo tempo che i tuoi soldi (che spero abbiano guadagnato qualche interesse mentre leggevi questo libro!) per seguirmi in questa avventura. Sono convinto che, grazie alla tua dedizione, sei adesso trasformato in un ninja della finanza personale. Hai le competenze, la conoscenza e la tenacia per affrontare qualsiasi sfida finanziaria che la vita ti lancia.

Sì, sei un eroe finanziario, pronto a spazzare via debiti fastidiosi come fossero nemici su un campo di battaglia, pronto a risparmiare denaro come un vero avversario dell'eccessivo spreco, e investire come un vero lupo di Wall Street. Ma non un lupo qualsiasi, no, sei un lupo con un piano e con una buona conoscenza della tassazione!

E chissà, magari grazie a questo libro diventerai il prossimo milionario del quartiere. E quando ciò accadrà, ricorda di mandarmi un biglietto d'invito per il tuo party in yacht, ok? Ah, e ovviamente mi aspetto un drink gratis!

Scherzi a parte, anche se non posso garantirti che diventerai un milionario nel giro di un mese (a meno che non stia per uscire il tuo romanzo best-seller o tu non abbia inventato la prossima grande app), sono convinto che le lezioni apprese qui ti aiuteranno a prendere decisioni finanziarie più informate e sagge.

Quindi, grazie ancora per avermi accompagnato in questo viaggio. Ricorda, la finanza personale non è un obiettivo, ma un percorso. Continua a imparare, continua a crescere e continua a investire in te stesso. Se lo fai, sono sicuro che arriverai dove desideri. E ricorda, se ti perdi lungo la strada, questo libro sarà sempre qui per te, pronto a darti una mano.

Buona fortuna, amico mio, e ricorda: investi saggiamente, risparmia diligentemente, e se qualche giorno ti svegli con un miGlione di euro in più nel tuo conto, ricordati di invitarci al party!